Emagreça pela cabeça

Dados Internacionais de Catalogação na Publicação (CIP)
(Câmara Brasileira do Livro, SP, Brasil)

Godoy, Antonio Carlos Marsiglio de
    Emagreça pela cabeça / Antonio Carlos Marsiglio de Godoy —
3ª ed. — São Paulo : MG Editores, 2002.

ISBN 85-7255-031-3

1. Dietas para emagrecer 2. Emagrecimento 3. Nutrição
4. Obesidade — Aspectos endócrinos 5. Obesidade — Aspectos psicológicos I. Título.

01-5612   CDD-616.398
                                                  NLM-WD 210

Índice para catálogo sistemático:

1. Obesidade : Tratamento : Medicina   616.398

Compre em lugar de fotocopiar.
Cada real que você dá por um livro recompensa seus autores
e os convida a produzir mais sobre o tema;
incentiva seus editores a encomendar, traduzir e publicar
outras obras sobre o assunto;
e paga aos livreiros por estocar e levar até você livros
para a sua informação e o seu entretenimento.
Cada real que você dá pela fotocópia não autorizada de um livro
financia um crime
e ajuda a matar a produção intelectual em todo o mundo.

Emagreça pela cabeça

Antonio Carlos Marsiglio de Godoy

MG EDITORES

EMAGREÇA PELA CABEÇA
Copyright © 2002 by Antonio Carlos Marsiglio de Godoy
Direitos desta edição reservados por Summus Editorial.

Projeto gráfico: **Sandra Martha Dolinsky**
Capa: **Cristina R. L. do Araújo**
Editoração e fotolitos: **JOIN Bureau de Editoração**

MG Editores
Rua Itapicuru, 613   7º andar
05006-000   São Paulo   SP
Fone (11) 3872-3322
Fax (11) 3872-7476
e-mail: mg@mgeditores.com.br

Atendimento ao consumidor:
Summus Editorial
Fone (11) 3865-9890

Vendas por atacado:
Fone (11) 3873-8638
Fax (11) 3873-7085
vendas@summus.com.br

Impresso no Brasil

*Aos meus pais, Oscar e Zilda,
aos meus filhos, Maria Morena, Diana, Matheus e Thomas,
e a todos que colaboraram tornando possível este livro,
escrito em linguagem não técnica, simples e acessível,
visando ajudar ao público em geral como lidar melhor
com esse mal pandêmico que ameaça
a humanidade: a obesidade.*

Sumário

Apresentação 11

Prólogo à 4ª edição 13

Introdução 15

CAPÍTULO 1
Você acha que é um problema só seu?................... 21

CAPÍTULO 2
Resistências e sabotagens 23

CAPÍTULO 3
O conceito de si mesmo 31

CAPÍTULO 4
Como começar 33

CAPÍTULO 5
Dia a dia: transformar tudo em energia positiva 41

CAPÍTULO 6
Mentalizações 47

CAPÍTULO 7
O que é bom e o que é ruim 51

CAPÍTULO 8
Reeducação alimentar 61

CAPÍTULO 9
Agir como magro 67

CAPÍTULO 10
Pensar no que se ganha 69

CAPÍTULO 11
Os oito mandamentos 71

CAPÍTULO 12
Depoimentos 77

CAPÍTULO 13
O que comer: sugestões 89

Consideração final 93

Apresentação

Fui jogador de basquete quase 30 anos e sempre tive problemas de peso; engordava com muita facilidade. Como minhas atividades eram muito intensas, não era tão difícil me manter em forma. Um atleta de alto nível necessita de, pelo menos, 5.000 calorias/dia para realizar seus treinamentos. Quando me excedia, minha dieta para emagrecer era de 3.000 calorias/dia, o que está muito longe de ser um sacrifício.

O problema aconteceu quando parei de jogar. Inicialmente, estava cansado de tanto esforço e me recusava a fazer qualquer tipo de atividade física. Também não deixei de me alimentar como um atleta de alto nível. O resultado dessa combinação foram quase 20 quilos a mais na balança e muita insatisfação e ansiedade na cabeça.

Há dois anos comecei a fazer terapia com o Dr. Godoy e, aos poucos, ele foi me mostrando o quanto há de "vontade de comer" em nossa fome e o quanto isso nos leva à ansiedade e à insatisfação – que é o mecanismo que nos dá mais "vontade de comer".

Este livro, basicamente, nos mostra que o conceito de "regime alimentar" ou "dieta" nos passa sempre a sensação de algo obrigatório e doentio, que deve ser feito por um período de tempo – preferencialmente curto –, e não precisa apresentar resultados

11

duradouros; tudo volta a ser como antes logo após o término desse grande sacrifício auto-imposto.

Na verdade, o Dr. Godoy nos apresenta uma maneira de enfrentarmos o problema: a reeducação alimentar, em que não nos devemos privar de nenhum prazer ou fazer qualquer sacrifício. Porém, estar atentos ao controle de nossas ansiedades, preocupações e frustrações que nos levam a comer sem termos necessidade.

Suas sugestões e seus ensinamentos sobre como nos alimentarmos corretamente e controlarmos positivamente nossas "tensões cotidianas" ajudarão aqueles que já se cansaram de tanto engordar e emagrecer a encontrar uma nova forma, muito mais agradável, de enfrentar tais problemas.

Marcel de Souza
(ex-jogador e, atualmente,
técnico de basquete e médico)

Prólogo à 4ª edição

Atendendo à solicitação dos leitores, acrescentei um novo capítulo : "O que comer". É uma orientação prática e detalhada de como introduzir as mudanças necessárias no seu dia-a-dia alimentar para iniciar o processo de emagrecimento. Neste capítulo, contei com a preciosa colaboração de Ana Elisa de Rizzo e Rosângela Torres, com receitas e dicas.

O Autor

Introdução

Tanto meu pai quanto minha mãe eram obesos. Emagreci 18 kg há 25 anos e não tornei a engordar.

Estudei e fiz vários tipos de dieta, regime ou sistema alimentar como Atkins, macrobiótica, lactofrugivorismo, baixas calorias etc. Isso me levou a entender da lógica intrínseca a cada sistema, o que me possibilitou desenvolver, de maneira própria, um conceito alimentar. Ao longo dos anos, ajudei muitos pacientes a emagrecer e manter o peso ideal sem tomar anfetaminas, sem fórmulas ou dietas mirabolantes e, principalmente, com saúde e sem passar fome.

Além da parte alimentar, o que acrescentei ao processo de emagrecimento em muitas pessoas foi a importância de cuidar do aspecto psicológico, estando atento a eventuais resistências inconscientes, lidando com elas e usando o poder mental nesse processo.

Existem atividades importantes para interromper a cadeia formada pelo estresse do dia-a-dia numa cidade grande, e essas atividades podem ser um exercício físico ou a meditação. No meu caso, há alguns anos, passei muito tempo sem poder fazer exercícios físicos, mas meditei nesse período e não engordei nem um grama. Sou totalmente a favor do exercício, mas não se pode ficar na dependência dele para emagrecer ou para manter o peso. Se uma pessoa malha muito, perde peso e quebra a perna, como vai fazer se perdia peso em função da malhação? Vai engordar cinco quilos? Por isso, antes de tudo, é preciso saber comer, manter atividade física e cuidar da mente.

A maioria das pessoas estressadas tem a característica de ir dormindo cada vez menos e pior, ou seja, tem insônia. Com isso, não consegue "recarregar a bateria", recuperar energias, ficando sempre com a adrenalina alta, sempre com o Sistema Nervoso Simpático (SNS) ativado. Isso leva a um desgaste cada vez maior. Por isso é importante, além do exercício físico, um relaxamento. O relaxamento equivale a um exercício físico porque altera esse ritmo alucinado, ou seja, provoca a ativação do Sistema Nervoso Parassimpático (SNP).

A atividade física melhora a relação dos Sistemas Simpático e Parassimpático, diminui a tensão, faz dormir melhor.

O objetivo deste livro, além de uma orientação alimentar, é restaurar um prazer perdido, que é o prazer de comer sem culpa e sabendo que não vai engordar. Hoje isso se tornou uma neurose, as pessoas sentem-se culpadas o tempo todo e disto decorre a perda do prazer de saborear uma refeição. E é justamente para interromper esse processo que pretendo, com este livro, fazer com que possamos dizer: "Eu sei exatamente o que é bom e o que é ruim para mim. Eu estou lidando melhor com a ansiedade, compulsão etc., então eu sei que o que vou comer não vai me engordar".

Enfim, comer sem culpa, emagrecer com a cabeça. Como Cristina, que passou por esse processo de emagrecimento e, gentilmente, nos apresenta seu depoimento:

> Vivi engordando e emagrecendo minha vida inteira e havia épocas em que isso me incomodava muito. Até que cheguei a um momento crucial: ou eu resolvia isso definitivamente — porque até então vivia sempre tomando remédios para emagrecer ou procurando endocrinologistas para tratamento — ou eu ficaria gorda o resto da minha vida. Eu estava no limite do peso, se passasse chegaria tranqüilamente aos 120 kg. Eu pesava 77 kg, o que é bastante para quem tem 1,60 m.

INTRODUÇÃO

Perguntei a uma amiga se conhecia alguém ou se sua terapeuta conhecia. E sua terapeuta me indicou o Godoy.

Eu já tinha a consciência de que precisava mexer na minha cabeça, porque ela era gorda. É isso, a cabeça era gorda, estava cheia de gordura, por isso eu não conseguia emagrecer. Eu já vinha de um processo terapêutico, sabia que devia mexer nessa estrutura, mas me faltava coragem. A minha antiga terapeuta tinha o mesmo problema, então não era possível a ela resolver isso comigo.

Então eu procurei o Godoy há um ano – fez um ano em agosto – e comecei a fazer a terapia e o curso. Eu ficava extasiada porque, no começo, tudo bem, temos de comer devagar, tomar água. É uma coisa que sabemos, principalmente quem já fez uma porção de dietas tradicionais. Sabemos que isso é mais saudável. Mas a forma como ele enfoca o emagrecimento não é com proibição – não pode comer isso, não pode comer aquilo – e isso faz com que nos voltemos muito mais para nós mesmos. Percebi que a questão é muito mais séria, não é uma questão de separar tudo o que se pode comer. Na realidade, precisamos nos cuidar.

O curso é uma troca de experiências e sensações que temos durante a semana. É como se fosse uma terapia grupal. Eu repeti o curso porque não havia atingido o peso que queria e consegui perder 16 kg em nove meses. O que mais me surpreendia durante o curso era subir na balança e notar que havia emagrecido. Mal podia acreditar. Porque não estava passando fome, eu não estava ansiosa. Era completamente diferente de tudo o que eu já havia feito com relação a emagrecimento.

Ele diminui o açúcar e as farinhas brancas, que são as únicas restrições. A farinha de mandioca não é proibida porque possui fibras. A preocupação é a seguinte: aumentar a quantidade de fibras na alimentação para que o trânsito intestinal ocorra com mais rapidez, o que é uma questão lógica. Quanto mais eliminamos, menos acumulamos ou engordamos. Comer fibras: arroz integral, pãozinho integral, legumes, frutas frescas, frutas secas – é muito bom.

Acabamos criando uma consciência do que é bom para nosso organismo, e o nosso organismo acaba se desintoxicando. Paralelamente, vamos reduzindo as quantidades, sem haver prescrição para isso. O Godoy nunca disse: são duas colheres de arroz, isso mais aquilo. Não. Conscientizamo-nos

17

de que a quantidade que comíamos era demais. Então é preciso diminuir a partir dela. Além disso, comer devagar — como é indicado e é a maneira certa — faz com que comamos muito menos. O cérebro leva 15 minutos para decodificar a mensagem de satisfação que vem do estômago. Então, se comemos devagar, comemos menos, porque o cérebro avisa que o estômago está satisfeito.

Quando nos estamos desintoxicando, as reações adversas do organismo são um sinal de alerta, avisam que algo não vai bem ou, pelo contrário, vai indo muito bem. No curso, comentamos o que deixar de comer, qual a sensação que isso traz.

Além disso tudo, tem a mentalização. Aprendemos a trabalhar a imagem, a representação que temos de nós mesmos. Se a cabeça é gorda, a imagem corporal é de gorda. A única maneira é tirar a gordura da cabeça, imaginar-se magra.

Uma das maneiras de mudar a auto-imagem é mentalizar que estamos tomando um banho e nos esfregando com um sabonete especial que queima gordura. Depois desse banho imaginário saímos magrinhas e vamos andar pela praia.

Outra coisa muito importante no curso é o resgate da auto-estima. O Godoy sempre diz que devemos acordar de manhã e, em vez de gastar energia de maneira negativa (naquela hora de encarar a gordura, olhando-se no espelho, ou quando dá o branco: que roupa vou pôr?), gastar energia com pensamentos positivos, fazendo uma mentalização, imaginando-se magrinha. Assim, vamos resgatando a auto-estima, assumindo uma postura de magra, anulando aquela maneira de se arrastar, se largar no sofá. Desde o primeiro dia do curso é preciso assumir uma postura de magro, subir a escada rapidamente, não pedir que os outros peguem coisas. É uma maneira de estar queimando calorias sem ter de ficar 1 hora e meia malhando. A malhação vai dar uma melhorada no conjunto muscular e pode ajudar na queima de calorias, mas não pode ser o fator principal de emagrecimento, o determinante.

Todo gordo deposita muita emoção na comida, como ansiedade, frustração e outros sentimentos que não são bons e com os quais não conseguimos lidar. Depois que aprendemos a nos alimentar, a forma de comer — rápida ou devagar — é que vai dizer, por exemplo, se estamos ansiosos ou não.

INTRODUÇÃO

Depois que aprendemos a nos alimentar, ao comer um pouco mais depressa já notamos: o que há comigo que estou comendo depressa? Por que estou ansioso? E aprendemos a encontrar as respostas, o que nos leva a baixar a ansiedade. O próprio ato de comer — que antes fazia aumentar a ansiedade — com o aprendizado faz baixá-la.

O grupo tem o compromisso de trazer informações, de se inteirar do que acontece com os outros, o quanto emagreceram, vibrar com o sucesso dos colegas.

O curso dura dois meses, ou até introjetarmos uma nova imagem, uma nova relação com o comer. Depois disso, se engordamos dois quilos, não há desespero porque já temos domínio, temos sabedoria.

O comer é muito social, por isso a reeducação alimentar é fundamental para podermos continuar a conviver normalmente com as pessoas. Precisamos apenas aprender a comer devagar, alimentos com muita fibra, sermos outra pessoa diante da alimentação, sem voracidade. Ao atingirmos o peso ideal podemos comer de tudo. Mas tudo o quê? Tudo de que precisamos, o que é bom para o nosso organismo. Sem vício, lembrando de vez em quando de perguntar por que não nos permitíamos emagrecer. É um exercício que nos tira da estagnação, que nos mantém conscientes, nos faz conhecer melhor o próprio ritmo.

1
Você acha que é um problema só seu?

A obesidade, no Brasil, já apresenta um crescimento endêmico e, se essa tendência persistir; todos os brasileiros serão obesos antes da metade do próximo milênio.

(Jornal da Tarde, 2/9/98)

A tendência do obeso é pensar que o problema é só dele, que não tem força de vontade, que não consegue "fechar a boca", enfim, que a obesidade é um problema pessoal, e não se dá conta de que a população mundial está caminhando celeremente nesse sentido. Na verdade, ele é vítima de um processo global, haja vista o fato de 60% da população americana estar acima do peso. Dessa parcela, 30% é obesa.

Segundo a Organização Mundial de Saúde (OMS), a obesidade hoje é considerada uma doença, devido a outras enfermidades que dela decorrem, como doenças cardiovasculares e diabetes. Portanto, a humanidade está ficando a cada dia mais "doente".

Sem negar o fato de ser a obesidade uma doença, talvez não estejamos entendendo a mensagem que ela está nos dando.

O modelo usado no Brasil, seguindo o americano, pode estar errado não só do ponto de vista alimentar como também relativo a valores humanos. Valores como solidariedade, amizade, honestidade, preocupações coletivas, amor, confiança, respeito, integridade, afetividade foram substituídos por somente dinheiro, poder e individualidade. Não importa que o sistema esteja levando milhares de pessoas à obesidade se alguns poucos estão aumentando seu poder, seu saldo bancário. Por um lado é a indústria alimentícia que não pára de desenvolver coisas "engordativas" e, por outro, é a indústria farmacêutica que ganha milhões de dólares desenvolvendo produtos para combater a obesidade, ressaltando violentamente o modelo de mulher vendido pela mídia, que apresenta modelos de rosto lindo e corpo esquelético, reforçando o estereótipo da perfeição. Contrariando o próprio biotipo, muitas vezes elas correm atrás desse falso ideal e sentem-se mal com o próprio corpo. É um jogo maquiavélico no qual emagrecer é o menor dos interesses. Emagrecer com saúde, então, nem pensar, pois parte do ramo médico-hospitalar lucra com os efeitos colaterais tanto da má alimentação quanto dos medicamentos e das dietas mirabolantes quando as pessoas tentam se curar.

Em resumo, é a indústria da doença, a indústria do modelo ideal e a indústria da cura milagrosa envolvendo e arrastando as pessoas. Por isso é fundamental nadar contra a corrente. Pensar no excesso de peso como um mal à saúde, à qualidade de vida, e não como um defeito pessoal e até mesmo social.

Assim, se entendermos a obesidade como uma "aliada" na busca de uma solução, encarando-a como um alerta para o problema maior, ou seja, o real significado desse aumento da obesidade na população mundial, poderemos compreender que o rumo está errado. Portanto, o problema não é só alimentar, nem a culpa é do indivíduo obeso.

2
Resistências e sabotagens

Mas que droga, eu sou uma idiota! Não posso nem sequer comer um pedacinho de chocolate? Saco! Quer saber o que mais? Eu mereço este prazer, PELO MENOS ESTE! Dane-se o excesso de peso! Dane-se o regime, a elegância, as fibras, o curso, e tudo o mais...

(Joana)

Toda pessoa com excesso de peso diz ou pensa: "Meu maior desejo é ser magra...", sem se dar conta e sem acreditar que, à medida que emagrece e vai chegando ao seu peso ideal, vai se defrontando e tendo de lidar com resistências inconscientes que sabotarão o seu processo de emagrecimento.

Apesar de ter como maior desejo emagrecer, não percebe que existe um lado seu que não quer emagrecer e dá origem a uma série de resistências. Por exemplo, é freqüente mulheres casadas terem a fantasia de que ao emagrecer, ao chegar ao peso ideal terão amantes, vão separar-se dos maridos, e outras coisas desse tipo. E, quando vão chegando ao peso ideal, começam a sabotar o processo por medo de ficarem sozinhas, de não terem uma proteção, de não saberem lidar com a sobrevivência econômica etc.

Outro exemplo é o do homem que pensa que a mulher não se sente atraída por ele por rejeitá-lo como gordo e não como pessoa.

Nesse caso, é muito mais fácil justificar a falta de tesão pelo fato de ser gordo do que perceber que deixou de ser atraente em outros tantos aspectos.

Outro tipo de resistência: as pessoas adultas têm um lado infantil, uma dificuldade de amadurecer, de se tornar adultas no sentido profissional, sensual, sexual, de assumir responsabilidades. Nesses casos, a gordura serve para impedir a percepção das dificuldades em lidar com a sensualidade, a sexualidade, o aspecto profissional, com a dificuldade em assumir as responsabilidades da vida adulta.

Medo de deixar de ser a gordinha simpática que não diz não para nada, medo de ficar adulta e ter de competir com outras mulheres. Há mulheres que pagam qualquer preço para não serem rejeitadas, para não serem uma ameaça que está sujeita a sofrer agressividade. Mulheres obesas que trazem em sua história relacionamentos com mães competitivas sentem muito medo de perder peso. Se elas têm dúvidas em relação ao amor da mãe, não querem amar sem correr o risco de se sentir rejeitadas por ela. Ao começar a emagrecer, há o risco de ter de competir com a mãe, que pode tornar-se agressiva e rejeitá-las e isso elas não podem suportar. Freqüentemente, preferem destruir-se a correr esse risco. No decorrer da vida adulta, a imagem da mãe competitiva é projetada nas outras mulheres. Portanto, para conviver socialmente, sem o risco da rejeição, não é possível emagrecer, e a resistência inconsciente se instala. Enfim, é mais fácil deixar de lidar com certos aspectos, permanecendo com excesso de peso, do que enfrentar o processo de amadurecimento.

O nível de fantasia é inverso ao nível de peso ideal. Quanto maior for o excesso de peso, mais baixa a auto-estima e maior a fantasia do que aconteceria ao se atingir o peso ideal. E maior será o medo inconsciente de se ver concretamente magro. Isso é muito mais acentuado na mulher devido ao mercado de trabalho. É bem mais freqüente encontrar homens obesos profissionalmente realizados do que mulheres nessas condições. É então que age o mecanismo compensatório; para o homem é fácil dizer: "Sou gordo, mas venci na vida". Socialmente ele é valorizado, sua auto-estima não é tão afetada. A mulher, ao que parece, gasta muito mais energia no processo mental. A mulher cobra de si bem mais do que o homem, pois ela é o alvo principal da indústria do corpo perfeito. Ela é mais suscetível, sua autocrítica é muito severa, sua culpa é um fardo pesado. Ela sabe que, além de se realizar profissionalmente, tem de ser atraente fisicamente. Assim, não há auto-estima que resista.

A energia gasta nesse processo de reduzir a auto-estima é enorme. Se 10% dela fosse gasta numa direção adequada, com certeza a pessoa poderia perder peso. Por isso, os medicamentos utilizados para emagrecer não ajudam a conscientizar o obeso, pois não permitem que se defronte com tais resistências. Não trabalham com seus medos, fantasias etc. Os medicamentos apenas "garantem" o emagrecimento; não fazem o obeso deparar-se com seus processos psicológicos que o fazem manter seu excesso de peso.

Por exemplo, o medo de assumir a sensualidade (apesar de viver sonhando com isso), se não for trabalhado, fará com que a mulher obesa resista ao emagrecimento. E pode gerar culpa quando, ao aproximar-se do peso ideal, voltar a engordar.

É mais facilmente aceito ter um descontrole alimentar do que ter um descontrole sexual. Social e pessoalmente o risco é menor, por ser a sexualidade reprimida ou por acarretar envolvimento afetivo. Por exemplo, mulheres acima dos 45 anos, mesmo desejadas, começam a desenvolver medos e ansiedade com relação às rugas, ao envelhecimento. E quanto mais atraentes mais ansiosas ficam e maior é a sabotagem a um novo relacionamento. Uma pessoa com excesso de peso sempre pensa: "É muita areia pro meu caminhãozinho", quando começa a envolver-se, a sentir-se atraída por alguém. Com medo de ser rejeitada, acaba estragando o relacionamento, tomando a iniciativa de terminá-lo pelo medo inconsciente que tem do que pode acontecer no futuro.

Assim, o desejo de emagrecer é uma meia-verdade. As dietas, de maneira geral, se forem feitas corretamente, apresentam resultados. Mas, se não forem trabalhadas as resistências, acabam não possibilitando a manutenção do peso ideal. É preciso trabalhar o aspecto emocional no sentido de levar a um amadurecimento para que a reorientação alimentar funcione e o objetivo seja atingido. Só quem se conhece bem pode enfrentar os medos e outras dificuldades.

As resistências, tanto as próprias quanto as de familiares e amigos, levam a um processo incidioso de sabotagem, começando com pequenos "delitos" freqüentes que, somados ao longo do dia, impedem a perda de peso. Nota-se isso em pessoas que vinham perdendo peso de forma constante e, de repente, interrompem o processo e não emagrecem mais nada.

É o "eu mereço", depois de um exaustivo dia de trabalho, é o marido com ciúmes que traz de presente uma caixa de bombons e deixa à vista, testando a força de vontade da esposa que está emagrecendo e ameaçando ficar bonita e atraente. Ou a mãe que alerta para o perigo da desnutrição e oferece algo "engordativo" à filha, que vem emagrecendo gradativamente.

Portanto, sem uma visão ampla dos aspectos envolvidos no processo de emagrecimento, dificilmente será possível chegar a resultados bons e duradouros.

Sonhos ajudam?

Os sonhos muitas vezes identificam resistências inconscientes no processo de emagrecimento. Assim, entendê-los e elucidá-los ajuda muito nesse processo.

Uma paciente minha, Lili, trouxe para a terapia dois sonhos que teve numa noite. Para garantir que não deixaria de me transmitir exatamente o que sonhou, ela anotou os sonhos com uma pequena introdução. Transcrevo tudo a seguir:

6ª feira — 13:30 h (depois da terapia)

Está acontecendo! Estou emagrecendo! (Tempos atrás eu pensaria: "Está acontecendo... e agora?".) Mas, desta vez, a sensação interna desse "acontecer" é de uma qualidade diferente. É como se não se fizesse esforço;

como se certas decisões, certos atos, pequenos ou grandes gestos tivessem a marca do espontâneo, do assertivo, do harmonioso.
Parece que a mudança de forma está se dando de dentro para fora, do querer ser para o estar sendo.

Madrugada de sábado: sonho 1

Estou no corredor de um grande e antigo hotel — parece o Quitandinha, o Araxá. É importante e ao mesmo tempo ultrapassado. *Demodèe* até. Entro num grande quarto — que não é o meu —, as portas estavam abertas. Circulo por ele e tenho o impulso de roubar algumas revistas femininas. Eu as quero. Apanho-as e vou saindo quando, de repente, as hóspedes desse quarto entram e me perguntam o que faço lá. Que belas mulheres! (São três.) Magras, morenas, elegantes. Fico perturbada, vexada. Imediatamente me descuido, dizendo que sou da administração do hotel e só estou dando uma ordem no quarto.

Minha interpretação: Este sonho mostra que Lili, ao emagrecer, já estava se interessando pelas revistas que mostram como mulheres magras se vestem, pintam-se, "produzem-se". Porém, o fato de roubar as revistas revela que ainda não se julga no direito de se "produzir" como magra e elegante.

Na segunda parte do sonho essas três mulheres magras e elegantes simbolizam todas as outras que a hostilizariam, pois ela se tornaria uma concorrente, uma rival. Deixaria de ser a gordinha "café-com-leite" em uma posição subalterna (funcionária do hotel). Teria de se relacionar de igual para igual, sofrendo o risco de agressividades ou rejeições.

Mesma madrugada de sábado: sonho 2

Mamãe dirigindo um carro, eu no banco ao lado.
Ela faz uma manobra, entrando numa garagem qualquer para mudar o carro de direção. Mas entra na garagem. A porta se fecha atrás de nós. Ficamos presas.
A dona da garagem entra por uma porta lateral interna e pergunta o que fazemos lá.
Vexame!!!

27

Minha interpretação: Este segundo sonho mostra a origem dessa dificuldade de Lili em se assumir magra.

Para entender melhor é preciso dizer que Lili, na infância e adolescência, percebia que a mãe tinha uma atração grande por um tio, irmão do pai, muito bonito, atraente, sedutor, que havia morado com seus pais até se casar.

Lili percebia que havia uma paixão sublimada da mãe por esse cunhado e que se ela se deixasse levar pelo impulso, pela paixão e sexualidade interferiria no casamento (na casa do segundo sonho), na família desse cunhado, o que na época seria um vexame.

Ou seja, o exemplo da mãe indicava que era melhor ficar gorda e não se deixar levar pela paixão para não invadir o casamento do cunhado.

Lili seguiu o exemplo da mãe, o mesmo caminho, iniciando um processo de engordar, reprimindo suas paixões para manter o seu próprio casamento. Repetiu a história e, quando começa a emagrecer, esses dados inconscientes vêm à tona.

No primeiro sonho, a cena do hotel com as mulheres magras mostra quando vêm à tona processos inconscientes mais atuais de "opa, se eu continuar emagrecendo vou me tornar concorrente dessas pessoas magras".

O segundo sonho mostra o processo inconsciente que contribui para que ela vá engordando gradativamente, da seguinte forma: o modelo da mãe passava uma mensagem do tipo: "É melhor reprimir tudo, paixão, sensualidade, engolindo tudo porque, senão, você vai causar uma grande confusão na casa dos outros e na sua também."

A mãe não guiava nem ela, tampouco. Isto pode estar representando que a mãe não se apossou do próprio destino, do poder de dirigir sua vida. Não assumiu uma atitude mais adulta de guiar a própria vida, assumir a direção, tomando a atitude assertiva de determinar para onde quer ir.

O sonho revela que, se sua mãe tomasse a direção da vida, assumindo suas paixões, faria uma besteira, como invadir a casa dos outros. E ela, Lili, junto.

Isso significa que por muito tempo ela fez a mesma coisa que a mãe. Também não guiava, não dirigia sua própria vida. E, se fosse guiar, provavelmente faria a mesma barbeiragem.

Nestes dois sonhos vemos uma causa antiga do início do processo – segundo sonho – e uma situação mais atual – primeiro sonho – já durante o processo de emagrecimento. Ou seja, quando ela está emagrecendo e começa a se interessar pelas revistas femininas é porque está podendo entrar na concorrência. Mas ainda existe certo grau de conflito interno que a faz roubar a revista, de maneira meio sorrateira, porque ainda não assumiu ir a uma banca e comprar a revista.

Fantasias

É muito fácil, no âmbito da fantasia, imaginarmos que quando estivermos com 10 kg a menos vamo-nos vestir assim, assado, vamos fazer e acontecer. É fácil na fantasia.

Quando o obeso começa a baixar o peso, principalmente nos primeiros 5 kg, o que era fantasia começa a se tornar, de certa forma, uma realidade. Ele começa a ver que tudo aquilo que funciona na fantasia lhe causa medo. Os dois primeiros quilos são perdidos e ninguém nota a diferença, nem ele próprio. Mas, para quem vai perder 10 ou 15 kg, 5 kg fazem uma diferença notável. Os familiares e amigos começam a falar e ele começa a temer realizar suas fantasias.

Um dos problemas comuns em mulheres que têm dificuldades para emagrecer é o medo de ficarem flácidas, com os seios caídos, com pelancas, como aquelas que emagrecem muito rapidamente. Então, aos 5 kg a menos, inicia-se um bloqueio no processo de emagrecimento.

Como no processo que proponho o emagrecimento não é rápido nem brusco, mas é gradativo, esse problema é contornado. A orientação alimentar que transmito é rica em vitaminas, sais minerais e água – muita água –, o que hidrata e nutre muito bem a pele. Dessa maneira, a capacidade de recuperação da pele é maior, o tecido conjuntivo e as fibras elásticas vão se adaptando aos poucos.

Por isso é preciso trabalhar bem o que são fantasias e o que é realidade, o que está realmente acontecendo e o que se teme que aconteça, o que traz preocupações infundadas.

Se uma pessoa obesa de uma família de obesos começa a fantasiar que, se emagrecer, toda a sua família passará a rejeitá-la por se tornar magra, terá de se defrontar com esses medos, enfrentá-los e verificar o que é fantasia e o que é realidade para obter resultados.

Essas fantasias que ocorrem no meio do processo são as preocupações com o final, e, na verdade, vão atrapalhando o processo em toda a sua extensão, impedindo o emagrecimento quando não são trabalhadas. Não adianta pensar nos 15 kg a perder, nos amantes a conseguir e noutras tantas preocupações. É preciso pensar na atitude ao comer, no que escolher para comer, na água que se deve tomar 2 horas após a refeição e em grande quantidade, o dia todo. A energia deve ser dirigida para a mudança de hábito, para a atitude, e não para o final do processo.

Não é o momento de pensar no que vai acontecer no final, quando o excesso de peso não mais existir. Isso é um ponto fundamental. A concentração tem de estar na maneira de emagrecer, no que é preciso fazer para emagrecer e não no quanto é necessário emagrecer.

É como se tivéssemos o compromisso de entregar um trabalho no prazo de um mês. Se a energia for depositada só na reunião para a entrega desse trabalho, não haverá energia para produzir o trabalho. É preciso que nos concentremos em todos os detalhes do trabalho para cumprir o prazo de um mês, que ao chegarmos à reunião apresentemos o resultado do empenho. Numa reunião não se produz um trabalho, apresenta-se o resultado.

Merlim, o mago, tem uma frase que é fantástica: "Cuidado com o que sonhas, pois teus sonhos podem se concretizar".

3
O conceito de si mesmo

O conceito de si mesmo, que representa um envoltório psicofísico-emocional-energético, é trabalhado no Psicodrama. É o limite, que vai além do corpo físico, dentro do qual as outras pessoas podem entrar ou não. Esse conceito é a base das nossas relações, e durante todo o tempo estamos lidando com isso. Uma pessoa amiga pode nos tocar, nos abraçar e permitimos isso com prazer. Mas de alguém que não nos agrade tendemos a manter determinada distância. Todo o tempo estamos regulando a distância que as pessoas podem manter de nós. É a nossa energia que afasta ou atrai as pessoas com as quais nos relacionamos. Por isso a auto-imagem tem um papel determinante na maneira de regular essa distância. O contato com seu si mesmo ajuda a harmonizar os relacionamentos. Uma pessoa que engorda, emagrece, engorda, emagrece vai perdendo seu próprio referencial e tendo dificuldades em lidar com o si mesmo, prejudicando a sua tele (do grego, distância, agindo a distância), definida como a ligação elementar entre as pessoas e os objetos. A tele determina relações mais sadias, não transferenciais, baseadas na percepção real que temos do outro. Esse conceito de tele foi desenvolvido pelo Dr. Jacob Levy Moreno, psiquiatra criador do Psicodrama.

Em um de meus cursos pedi a uma pessoa que se mantivesse no centro do grupo. Instruí para que o restante do grupo fosse se aproximando e, conforme isso acontecia, a pessoa no centro ia pedindo que parassem. Então repeti o exercício, pedindo à mesma pessoa do centro que se imaginasse bem magra, em seu peso ideal, sem nenhum excesso. Dessa vez, permitiu que as pessoas se aproximassem bem mais do que quando se sentia gorda. Ou seja, o fato de estar com sobrepeso tem influência nas inter-relações humanas.

Freqüentemente, observamos uma alteração na percepção proprioceptiva do esquema corporal. Tive uma paciente adolescente que perdeu 15 kg e não percebia a mudança quando se olhava no espelho. Ela se via ainda com aqueles 15 kg a mais. Dizia: "Eu estava horrorosa e continuo horrorosa. Não percebo a mudança. Sei racionalmente que emagreci, mas, emocionalmente, não acredito".

4
Como começar

Acho que uma boa maneira de começar é procurar alterar hábitos negativos, transformando-os em hábitos positivos. Abastecer bem a despensa com muitas frutas, verduras e cereais, transformar seus novos hábitos em uma fonte de prazer. Sentir prazer em degustar os alimentos com menos tempero, saboreando lentamente e mastigando com calma. Calma, aliás, é fundamental. A calma ajuda a digestão, a eliminação, e faz com que tudo se transforme numa coisa gostosa, agradável. Mas como? Nessa loucura que vivemos? Bem, essa é uma boa maneira de começar: dando aos problemas e aos acontecimentos sua verdadeira dimensão. Sofrer só na hora: nem por antecipação, nem depois. E tentar recobrar o equilíbrio assim que as situações de perigo acabam. Tem um escritor inglês, não me lembro qual, que disse: "Por que você leva a vida tão a sério? Você não vai sair vivo dessa mesmo..."

Aprender a descentralizar a comida de suas atividades é um desses hábitos que temos de mudar. Quem, quando era pequeno, diante de uma grande frustração, não recebeu uma balinha como consolo? Ou um prêmio por alguma coisa muito louvável, na forma de um saquinho de balas? O açúcar, em primeiro lugar, mas também outros tipos de alimento estão muito ligados à idéia da recompensa, do carinho, do conforto. É a eles que recorremos nos momentos de angústia, tristeza, ansiedade e vazio.

Que melhor companheiro para uma noite solitária, assistindo à TV, do que uma caixa de bombons? Tentar administrar nossos problemas em vez de comer é outra boa iniciativa, não das mais fáceis.

(Mariana)

A essa altura o leitor já deve estar se perguntando: "O que preciso fazer para emagrecer, já que não existe nenhuma fórmula mágica?". A ansiedade já começa a fugir do controle, buscando soluções práticas. E, justamente se não lidarmos com a ansiedade, qualquer coisa que fizermos resultará em frustração. Portanto, antes das medidas práticas, respire fundo. Vamos analisar esses importantes aspectos: ansiedade e compulsão.

Ansiedade

A vida de uma pessoa gorda não é fácil. Existe até uma associação, nos EUA, de direitos dos gordos, que reivindica mais espaço nos bancos dos ônibus e aviões. Aqui no Brasil não existe isso, mas até que é uma boa idéia. O que a gordura representa socialmente? Quanto mais alta a camada social que analisamos, menos pessoas gordas teremos. É um contra-senso, mas é assim. O rico tem mais poder aquisitivo para freqüentar academias e institutos e maior necessidade social de estar "bem". Gordura é cafona...

E com essa imagem, reforçada tantas e tantas vezes pela mídia que nos mostra diariamente uma grande quantidade de exemplos de corpos perfeitos, sempre associados à idéia de prazer, luxo, poder e amor, entramos numa festa! Meio sem jeito, abraçando o próprio estômago, num gesto claramente defensivo, numa total sensação de desconforto, porque ela — a gordura — mostra a todo o mundo como somos impotentes em administrar nossa própria vida. Ela expõe as nossas mazelas sem a menor cerimônia: vejam todos, aqui temos uma pessoa infeliz, mal resolvida, que não sabe direcionar suas emoções... e por aí afora...

No gordo, essa sensação de insegurança é tão forte que muitas vezes ele abandona totalmente sua vida social, ou então entra num papel de *clown*, o bobo da corte, todo gordo é boa gente...

Amor para o gordo é uma utopia. Como dar amor, afeto, a não ser de uma forma "gorda"? Sem muito jeito, quase que subserviente, agradecendo ao outro pelo fato de amá-lo... O que automaticamente diminui sua auto-estima e o liga eternamente ao parceiro, mesmo que a situação seja insustentável... Vida social, uma praia, um clube, então, uma tortura... Na verdade, o gordo criou aquela camada espessa para protegê-lo, e agora se sente traído por ela... Ela o deixa assim, escancarado perante todos... Difícil viver assim...

(Lia)

Todos dizem que a gordura é uma barreira para os relacionamentos. Mas existe uma explicação fisiológica para isso: o mecanismo de luta e fuga. A ansiedade, que é um processo psicofísico, foi descrita há mais de um século pelo Dr. Walter B. Cannon, fisiólogo de Harvard, como a "resposta lutar ou fugir". Esse mecanismo está relacionado com o mundo natural no enfrentamento de situações de perigo real ou imaginário; nessas situações, o córtex cerebral envia um sinal de alarme ao hipotálamo, que estimula o Sistema Nervoso Simpático (SNS), o que provoca uma série de reações bioquímicas, biológicas no organismo. A ativação do SNS possibilita duas reações: luta ou fuga. Para lutar ou fugir, o indivíduo vai precisar da musculatura de seus braços e de suas pernas – a musculatura estriada. A circulação do sangue será dirigida para essa musculatura, o coração baterá mais depressa e menos amplamente para poder jogar mais sangue no cérebro, que deverá analisar rapidamente se vai fugir ou lutar. Os pulmões também terão sua atividade acelerada para poder oxigenar melhor e mais rapidamente o sangue.

Ritmo mais rápido e menos amplo, tanto do pulmão quanto do coração, para oxigenar melhor o cérebro, que vai tomar decisões rápidas – e para a musculatura estriada, que vai ser usada para lutar ou fugir. Esta cadeia faz que diminua a circulação de sangue na pele, nos genitais e no aparelho digestivo, ficando parcialmente bloqueadas suas atividades.

Terminado o perigo, voltando a calma, ocorre exatamente o contrário. O Sistema Nervoso Parassimpático (SNPS) é reativado, ou seja, a irrigação do sangue volta ao normal na pele, nos genitais e no aparelho digestivo; o coração bate mais lenta e amplamente, os pulmões também retomam seu ritmo normal. Tudo associado a um estado de relaxamento, propício a relações, tanto verbais quanto afetivas e sexuais.

A vida moderna faz que vivamos constantemente em estado de alerta. Ficamos a maior parte do tempo com o SNS "congestionado" de informações, perigos, conflitos, ameaças etc. Com isso a digestão é prejudicada, o trânsito intestinal se torna lento, o que provoca maior reabsorção dos alimentos digeridos, ou seja, o aumento de peso é uma conseqüência quase certa.

Compulsão

A satisfação de uma festa, de um jantar, de um bom programa, acaba tornando-se um inferno para o coitado do gordo. Cada festa, meio quilo a mais de peso. Isso porque, no meio de tantas tentações, não podemos deixar passar nada, senão, nunca mais! Parece que o mundo vai acabar naquele dia.

Quando conseguirmos trocar os cinco copos de vinho por apenas um, seguindo aquela regra de comer devagar e beber pausadamente, teremos aproveitado a festa de maneira muito mais lúcida, sem uma dor de cabeça no dia seguinte e sem nenhum grama a mais na balança.

O que os gordos não sabem é que a festa não é a comida, nem a bebida. A festa é o prazer de estar junto, ver pessoas, paquerar. A comida serve de pretexto para tudo isso.

Ter fome é uma coisa, gula e compulsão é outra bem diferente. Ter fome não é crime, é necessário, e não é a fome que engorda. O que engorda é a compulsão, o excesso. Se você come coisas boas, bastante fibras, seu organismo estará agradecido e funcionará muito melhor. O sono será mais tranqüilo sem o estômago cheio.

Se em alguma situação eu quero realmente comer uma coisa que sei que irá atrapalhar meu emagrecimento, tento fazê-lo moderadamente e com bastante consciência de que estou transgredindo um dos mandamentos. A consciência elimina a culpa e, pelo que o Godoy diz, comer sem culpa não engorda!

(Rita)

A ansiedade leva à compulsão. A compulsão conduz a uma paralisação da mente, de forma a não considerar tudo o que se sabe sobre o que é bom ou não comer. A compulsão e esse embotamento mental levam o indivíduo a comer depressa, em excesso, e coisas que engordam.

De nada vale saber o que é bom e o que é ruim porque a mente perde o discernimento. Mesmo em se tratando de pessoas inteligentes, as escolhas feitas pela ansiedade levam à compulsão e à paralisação da mente, conseqüentemente a comer errado.

Há o relato engraçado de uma pessoa que estava iniciando um dos grupos. Como uma das recomendações é agir como magro, ela foi almoçar com suas companheiras de trabalho – todas magras – decidida a fazer exatamente o que as amigas fizessem. Foram a um restaurante *self-service*. As amigas ficaram conversando enquanto ela olhava para o bufê, policiando-se, pois só poderia fazer o que as magras fizessem.

Finalmente as magras decidiram servir-se. Como as amigas só se serviram de salada, ela também o fez, mas de olho nos outros pratos, já antecipando o quanto deveriam ser gostosos e iniciando um processo de sofrimento vendo que estavam terminando. Após comerem vagarosamente a salada voltaram ao bufê. O que ela previu acontecera: acabara o peixe que parecia delicioso. Serviu-se do que restava, como suas amigas, e engoliu com cada garfada a ansiedade e a tensão que a consumiam desde o começo do almoço.

Durante o relato a gargalhada foi geral no grupo. De qualquer forma, ela conseguiu lidar com sua ansiedade e vivenciar uma refeição agindo como magra.

Ansiedade – visão da comida – campo tenso – paralisação da mente – compulsão. Quando se está em campo tenso, estreita-se a mente.

Vejamos uma experiência com um animal carnívoro enjaulado. A jaula tem uma porta e grades nas outras três paredes. Coloca-se um pedaço de carne fora da jaula, em frente à grade que fica do lado oposto da porta, que se encontra aberta. O animal, que está com fome (campo tenso), ficará olhando para a carne tentando alcançá-la, até morrer de fome junto da grade, enquanto o animal que estiver satisfeito (campo relaxado) notará a porta aberta, sairá, dará a volta e comerá a carne.

A importância de lidar com a ansiedade está no fato de impedir que, ao ver a comida, se instale um campo tenso, o que paralisa a mente e inicia o processo de compulsão. Agora, como reduzir a ansiedade num mundo em que todos sabem o que é bom comer, o que se deve ou não comer? O saber teórico é uma coisa — os obesos sabem tudo, racionalmente. Precisam saber emocionalmente. Como evitar essa seqüência fatal?

Como já foi dito, em primeiro lugar deve-se trabalhar a ansiedade. Ao sentar-se à mesa para comer, é preciso deixar de lado as preocupações e centrar-se no que vai fazer; respirar, desligar-se dos problemas, concentrar-se nos alimentos e comer devagar. Olhar o que há para comer, escolher o que se quer comer e comer devagar são etapas essenciais.

Mas para conseguir fazer isso existe um trabalho anterior que é fundamental. Basicamente, atividades físicas e mentais que reduzam o nível de estresse. Atividades físicas como andar, nadar, cuidados com a mente como ioga, meditação, terapia ou um *hobby*, a opção é muito pessoal. O importante é encontrar uma maneira agradável para desacelerar o pensamento e reduzir a ansiedade.

Desacelerando o pensamento

A pessoa ansiosa tem uma constante aceleração do curso do pensamento. Aparentemente o obeso é tranqüilo, mas só aparentemente, devido à imobilidade. Na verdade ele é uma pessoa ansiosa, com o pensamento muito acelerado, que pensa em vários assuntos ao mesmo tempo, não chegando a nenhuma conclusão.

Dar conselhos nem sempre é a melhor alternativa. Por exemplo, se alguém vai fechar um negócio na quinta-feira e em função desse fato está ansioso, com o pensamento centrado e acelerado, de nada adianta dizer a essa pessoa para não ficar ansiosa no domingo, na segunda, terça e quarta, nem para não canalizar a ansiedade para a comida. Não será possível convencê-la a deixar a preocupação para a quinta-feira, quando chegar a hora de solucionar aquele problema.

Uma maneira para ajudar a desacelerar o curso do pensamento é responder diariamente, por escrito, a esta pergunta: "O que está me deixando ansioso hoje?".
Por exemplo:

1. Tenho um encontro com meu ex-namorado na segunda-feira.
2. Com esse trânsito, estou sempre chegando atrasado ao meu trabalho.
3. Não tenho dinheiro para pagar a conta do celular.
4. Entrei no cheque especial e não consigo sair.

O ato de escrever é mais lento do que o fluxo do pensamento, por isso ele provoca uma desaceleração no curso do pensamento, levando a uma redução do nível de ansiedade, permitindo uma visão mais organizada da realidade e uma reavaliação dos fatos.

Com esse exercício veremos que alguns itens desaparecem da lista, enquanto outros surgem ou se repetem sempre. Com inteligência e sensibilidade, aprendemos a lidar principalmente com os que se repetem, de acordo com a premência de cada um.

5
Dia a dia: transformar tudo em energia positiva

Sem falsa modéstia, olhando para trás, eu era gostosa! E até hoje acho que ainda sou gostosa, em um sentido mais amplo. Mas, lembrando as minhas atitudes, não poderia ser de outra forma: eu tinha o cuidado de escolher as coisas que comia, selecionava e eliminava do cardápio tudo o que pudesse engordar. Quando estava meio mole, ia para a ginástica ou o balé.

Hoje, uma das maiores lutas é manter o controle sobre os fins-de-semana... Dá para entender?

Isso preocupa: o que foi que mudou?

Com a idade, o peso aumenta, na menopausa aumentam os seios, a barriga, a bunda murcha... que bela expectativa!!!

Parece que agora quem controla as mudanças do meu corpo não sou eu... será que perdi esse poder? Será que é hormonal? Já fiz todos os exames e não deu em nada. Segundo o Godoy, é tudo besteira. E acho que ele tem razão. Mas essa sensação de falta de poder é muito séria. Esse poder emana de mim?

Com as primeiras semanas de meu primeiro curso eu comecei a sentir que conseguiria mudar meu corpo! Essa constatação é confortadora e animadora. Com umas pequenas mudanças de rotina, com alguns exercícios para baixar a ansiedade, com uma conscientização, a coisa começou a deflagrar. E eu, que achava que estava sem controle de minha própria pessoa e, por extensão, de minha própria vida, consegui operar a mudança:

comecei a emagrecer. Isso foi uma fonte de muita alegria, reafirmando minha auto-estima. Emagreci uns 8 kg. Em quanto tempo? Não sei, nem lembro. Isso não é importante. Essa questão do tempo é muito séria. Essa nossa cultura de satisfação imediata transforma um processo de emagrecimento numa verdadeira maratona por resultados. Como esperar? Levamos tanto tempo para chegar aos maus hábitos e torná-los integrantes de nossa rotina e agora queremos reverter toda uma vida em apenas 8 semanas... Pode até ser, mas dificilmente o processo será efetivo.

Essas idéias têm de entrar pelos poros e ficar feito tatuagem, como diria o Chico, aí sim. Mas tudo isso demora, custa sacrifícios, trabalho, tem de pensar... Será que é melhor tomar a sopa da Teresa Collor? (Será que ela toma?) Ou fazer uma lipoaspiração? As tentações estão por toda parte... E, se embarcarmos nessa, vai ser mais uma frustração para a nossa bagagem, certamente já cheia delas.

(Sofia)

A quantidade de energia que se gasta durante o dia para lidar com a auto-estima precisa ser analisada.

Quem tem excesso de peso começa o dia já com dificuldades em sair da cama. Ao escovar os dentes já inicia um processo de baixa estima, não gosta do que vê no espelho. Depois, ao tomar banho, fica apalpando as gordurinhas ou passa o sabonete e começa o processo de se criticar.

Para a mulher, a hora de colocar uma roupa é outro horror. Despenca o guarda-roupa inteiro até encontrar uma roupa que esconda as gorduras. É sempre um processo no qual, em vez de usar a energia para enfrentar o problema e resolver emagrecer, ela vai consumindo essa mesma energia se culpando e disfarçando.

No café da manhã, houve tanto desperdício de energia que ela já esta ansiosa e acaba comendo rápido o que não deve, sem prestar atenção ao que ingere e como come.

Quando sai, vai para o trabalho ou para a academia, ou fazer alguma coisa, sente-se sempre persecutória, sente-se observada, mas não num sentido positivo. Não se sente admirada por ser bonita e atraente. Pensa que quem a olha está notando o "pneu" na cintura, os braços gordos etc. Isso vai gerando certa "mania de perseguição" e acontece a manhã inteira. Na hora do almoço ela está ansiosa, com a autoestima muito baixa e pronta para viver os conflitos da hora da refeição: isto engorda, não pode isso, não pode aquilo... O que a leva a comer de maneira errada, coisas erradas e em excesso. Continua o dia nesse processo de se sentir sempre observada negativamente. Existem três frases que, no final do dia, devem ser evitadas:

1ª – "Eu mereço! O meu dia foi terrível, só tive problemas, eu mereço...", e come algo não saudável.
2ª – "Já que eu furei..." E vem a pior frase:
3ª – "Então, que se dane!"

Ao pensar nessa frase começa o desmando total. Num curto período de tempo estraga uma semana inteira de empenho, sem pensar que quem se "dana" é ela mesma. O pretexto do "eu mereço" deveria servir para presentear-se com algo bom e não com algo destrutivo. Portanto, o que se merece é um belo banho, um bom filme, uma roupa nova, namorar, não autodestruir-se.

Quem come muito antes de dormir não terá um sono leve e profundo porque a digestão provoca gases, sonhos agitados, pesadelos. Quer dizer, o desconforto corporal, em geral, leva a sonhos conturbados. Essa pessoa passa as 24 horas do dia num processo negativo consigo mesma.

Por isso proponho que a pessoa também se trabalhe 24 horas por dia.

Como? Ao acordar já deve começar o processo. Antes de sair da cama é preciso mentalizar coisas positivas para o corpo. Ao escovar os dentes ela deve observar as mudanças no rosto, pensando que já está iniciado o processo de emagrecimento. Pode até pensar que ainda está gorda e ainda não está contente. É bom ter noção da realidade e entender que se trata de um processo.

No banho, pode imaginar a gordura se dissolvendo com a espuma do sabonete e indo embora pelo ralo, e seu corpo ficando sem nenhum excesso. Isso formará a imagem do processo de emagrecimento que, juntando com as outras mentalizações, dará a percepção de estar fazendo algo de bom para si mesma. Ao escolher uma roupa e entrar naquela saia ou calça que havia poucos dias não servia, alegrar-se com essa conquista. Ela faz uma enorme diferença, gerando uma sensação de bem-estar, um pensamento positivo. Isso é usar a energia de modo positivo.

Assim, a perspectiva já é de bons resultados. Já pode pensar que vai conseguir alcançar sua meta, que em breve o processo de escolher roupa será muito mais lento, mais gratificante. A autoestima já está alta e à hora do café da manhã ela vai se empenhar, não se sacrificar.

Eu sempre insisto com as pessoas que estão seguindo minhas orientações que se fizerem um café da manhã adequado terão maiores chances de terminar o dia bem. Se começam o dia comendo no café da manhã de maneira errada, comendo rápido e mal, certamente durante o dia farão coisas piores.

O café da manhã é muito importante. Um café da manhã rico em fibras, vitaminas e sais minerais. Por exemplo, mamão com cereais, ameixa seca, damasco batido no liqüidificador, chá sem açúcar, pão integral com uma fatia de queijo. É importante: comer devagar.

Se o começo do dia é melhor, a pessoa já sabe que fez algo de bom para o seu processo de emagrecimento. O resto do dia será melhor, com certeza.

Ao sair para trabalhar, preenchida com energia positiva e tendo noção da realidade, já pode pensar: "As pessoas ainda estão me vendo como gorda, de uma maneira crítica, mas eu vou conseguir emagrecer dentro de pouco tempo. Quando chegar ao trabalho, as pessoas me olharão de outra maneira".

Essa atitude cria um fortalecimento interno que faz com que ganhe confiança à medida que vão passando as semanas.

Quando chegar a hora do almoço, seguindo as regras básicas descritas mais adiante, ela conseguirá comer devagar, ingerir coisas boas. É importante ficar sempre contente com cada refeição. Em vez de encarar o almoço como uma sessão de tortura, é importante vivenciá-lo com alegria, com uma energia positiva. Ficar muitas horas sem comer facilita a compulsão. Por isso, para evitá-la, o ideal é consumir a cada 3 ou 4 horas uma fruta ou outro alimento saudável.

Depois do jantar não se deve comer mais nada, apenas tomar água. Às vezes sentimos vontade de ingerir algo e não de comer por estarmos com fome. Então a água é um santo remédio, porque vai ajudando a digerir bem o jantar. Isto faz com que o aparelho digestivo não tenha ainda muito o que trabalhar, o que permite um sono mais tranqüilo e reparador.

Fazer mentalização antes de dormir é ótimo, ou durante o dia, sempre que possível. Mas, ao deitar é importante mentalizar a própria imagem mais magra, dissolvendo a gordura andando numa praia, por exemplo, para que tais imagens fiquem gravadas no subconsciente e permitam um resultado melhor. Assim, de noite pode-se descansar realmente, "recarregar a bateria" e acordar já melhor do que no dia anterior.

Como se vê, podemos optar entre utilizar 24 horas por dia só com energia negativa ou passar essas 24 horas ativando uma energia positiva, de maneira bem fácil. O processo de emagrecimento não é só regular o que se come, levando-se em conta apenas o aspecto físico; é preciso trabalhar o mental também, para se ter um processo global.

6
Mentalizações

As mentalizações, pela manhã ou à noite, provocam um estado de relaxamento que interfere no Sistema Nervoso Parassimpático ao criar imagens mentais, as quais determinam uma ordem do cérebro para o corpo. Isso permite ao obeso imaginar-se magro, o que provoca uma sensação de bem-estar. E é importante começar e terminar o dia com uma sensação positiva a respeito de si mesmo.

Atualmente, em termos de Física Quântica, acredita-se que todos os pensamentos gerados no cérebro, sob a forma de neuropeptídeos, são mandados para o núcleo de cada célula do organismo. Depois essas mensagens retornam ao cérebro. Isto é, tudo o que se pensa será recebido pelo corpo como informação imediata daquele pensamento. Portanto, se o cérebro está gerando uma mensagem positiva, essa mensagem será enviada num processo complexo de troca de informações entre as células do corpo – que também são inteligentes – e o cérebro. Este processamento de troca de informações faz com que o indivíduo tenha a tendência de manter o estado criado por essa imagem mental. O poder da mente é esse. Ou o poder do pensamento, que é fundamental.

Mas não é possível mandar uma mensagem em estado de vigília, totalmente acordado, quando as ondas cerebrais estão funcionando em beta (β). Se isso fosse possível, todos seriam magros e teriam poderes mentais infinitos. De nada adianta, acordado, ficar pensando vezes sem fim: "Eu quero emagrecer, eu quero emagrecer, eu quero emagrecer...", porque a mensagem estará sendo enviada para o nada. A mensagem, para ser efetiva, tem de ser processada em estado de relaxamento, em alfa (α), atuando no inconsciente, o que pode ser obtido durante a meditação, e ao adormecer ou acordar.

É preciso fazer algum tipo de exercício relaxante para ter a visualização, criar um estado relaxado, respirar ampla e livremente, deixando o ar entrar e sair com ritmo e, nesse estado, criar uma visualização.

Por exemplo, eu peço que a pessoa se imagine andando em uma praia, sentindo a areia nos seus pés, o cheiro do mar, a brisa do mar no seu corpo. Ao andar, vai suando e, junto com o suor, vai saindo o excesso de gordura, que some na areia. Na metade da praia já emagreceu a metade do necessário para chegar ao peso ideal.

No final da praia, visualiza seu corpo real sem nenhum excesso, volta pela praia, corre até o mar, sente o contato da água nesse corpo sem excessos. Deita-se em uma cadeira de praia, recebe o sol da manhã e relaxa.

Esta é uma forma de passar de onda β a α, resultando num estado meditativo.

Também peço que se imagine subindo uma escada de 10 degraus, por exemplo, e em cada degrau imaginar que está perdendo um pouco do seu peso. A cada degrau um pouco do peso desaparece até que, no final da escada, atinge o peso ideal. E, com o peso ideal, imagina-se em várias situações agradáveis, como uma festa, uma praia, namorando...

Ou estar ao lado de um rio de águas cristalinas que desce de uma montanha. Ao entrar no rio, peço que imagine a gordura se dissolvendo, indo embora rio abaixo. Bebendo dessas águas cristalinas, peço que se sinta limpa por dentro também. Agora é só deitar-se numa pedra achatada e receber o sol da manhã, relaxada, nesse corpo sem excessos.

Às vezes, no começo, é um pouco difícil, porque as pessoas não conseguem mais se imaginar com seu peso ideal. Mas isso é importantíssimo. É preciso dar-se conta do valor que isso tem, acreditar que funciona mesmo e usar o poder da mente para ajudar nesse processo de emagrecimento.

Sempre trabalhando com a imagem atual, mentalizando transformações até chegar na imagem sem excessos, o corpo começa a acostumar-se com a idéia de que não está bem como está, possivelmente, fazendo com que todas as reações metabólicas e enzimáticas ajudem no processo de emagrecimento.

Estudos recentes revelam que o corpo ajusta o seu metabolismo em função de ganhos ou perdas de peso, tornando-o mais lento ou mais rápido, fazendo com que os músculos sejam mais eficientes ou menos eficientes na queima de calorias.

Provavelmente as mentalizações atuam nesse mecanismo; pacientes que as praticam regularmente obtêm, em geral, resultados melhores do que os que não o fazem.

Um alerta: quando a pessoa começa a chegar perto do peso ideal é preciso tomar outro cuidado: não permitir que se torne uma neurose de magreza excessiva, o que pode levar a um processo de anorexia (ausência de apetite).

Por outro lado, mentalizar leva a um relaxamento, o qual propicia uma respiração mais adequada, diafragmática, mais profunda, provocando uma verdadeira massagem interna na região abdominal, contribuindo para o melhor funcionamento do aparelho digestivo como um todo.

7
O que é bom e o que é ruim

Após estudar e fazer vários tipos de regime, dieta e sistema alimentar, elaborei uma classificação dos alimentos. Muito pessoal, porque o que em um sistema alimentar é ótimo em outro pode não ser. Cada sistema alimentar tem sua própria classificação. O ovo, na macrobiótica, é um veneno, enquanto em outros sistemas é ótimo. O mesmo acontece com os laticínios.

Frugivoristas só comem frutas. Consideram que a fruta é o único alimento cuja colheita – no devido tempo – não causa uma agressão, pois é o fim de sua vida útil, seu ciclo de vida. O princípio leva em conta a aura da planta, que não deve ser exposta a nenhum sofrimento. Eles acreditam que, ao cortar uma folha do pé de alface na terra, estamos lhe causando sofrimento. Fotos de efeito *Kirlian* mostram a aura da planta e acusam que ela sofre ao ser cortada ou arrancada. Por isso só comem a fruta que está pronta, que, se não for colhida, cairá.

A minha classificação obedece não somente a um princípio nutricional, mas também divide os alimentos dos mais sutis para os mais grosseiros, distribuindo-os em níveis.

Os mais sutis nos levam ao desenvolvimento da espiritualidade ou transcendência, busca comum aos seres humanos mesmo nos dias de hoje, em que o cientificismo e o materialismo predominam.

Não é à toa que várias religiões estabelecem dias de jejum e dietas especiais em determinados dias.

Outro critério utilizado na classificação dos alimentos é a facilidade de saber o que é bom e necessário, não neurotizando o ato e o prazer de comer.

Um sistema bom do ponto de vista nutricional, mas anti-social, pode funcionar algum tempo, mas a longo prazo dificilmente permanecerá.

Falarei um pouco, muito pouco na verdade, pois cada nível daria um capítulo em si.

Nível 1 – Luz

A primeira fonte de alimentação, como sabemos, é a luz. Existe em nossa pele uma substância chamada 7-deidroergosteral (uma pré-vitamina) que, ao receber a luz solar, transforma-se em vitamina D.

A vitamina D não é encontrada em quantidade em nenhum alimento, mas ela é importante na absorção do cálcio e do fósforo e na prevenção da osteoporose e outras doenças.

As melhores horas para receber a luz do Sol são até as 10 horas da manhã e após as 17 horas. Assim, permitimos ao nosso corpo produzir vitamina D e ainda evitamos o câncer de pele.

"Pegar um bronze" melhora a saúde, o astral e a auto-estima também.

Nível 2 – Água

A água é fundamental para nosso organismo, afinal 70% aproximadamente do nosso corpo é constituído de água. A água interliga todos os outros elementos que não sejam água.

Facilita a eliminação de toxinas e resíduos, encharca as fibras no trato intestinal, aumentando os movimentos peristálticos e, conseqüentemente, a velocidade do trânsito intestinal, muito importante, como veremos no tópico das fibras.

Quanto mais nossa alimentação for rica de alimentos do nível 3, mais líquidos serão retirados dos próprios alimentos: 60% do arroz integral, 80 a 90% dos vegetais e 85 a 95% das frutas.

Pela oxidação, principalmente da gordura, o organismo também produz água.

Pergunta-se: a água em excesso poderia inibir esse processo de oxidação? Essa é uma boa pergunta, mas não há pesquisas suficientes nessa área. Os macrobióticos, por exemplo, recomendam uma quantidade pequena de ingestão de água, se compararmos com os 2 ou 3 litros indicados pelos estudos nutricionais atuais.

Se nos alimentarmos basicamente de alimentos dos níveis 5 e 6, pobres em fibras, haverá uma diferença muito grande na maneira como nosso organismo irá lidar com o volume de água ingerido, se compararmos com quem se alimenta basicamente dos alimentos dos níveis 1, 2, 3 e 4.

Uma recomendação genérica em relação ao volume é delicada. De 2 a 3 litros por dia podem ser indicados, mas observando-se as individualidades. O importante é não deixar de tomá-la regularmente.

Nível 3 – Frutas, cereais integrais e vegetais

Os alimentos deste nível são ricos em fibras, macronutrientes como proteínas, carboidratos, gorduras e água e também micronutrientes como vitaminas e sais minerais com alguns nomes estranhos, como molibdênio. São 16 ao todo. As frutas, os cereais e os vegetais contêm elementos antioxidantes, que retardam o envelhecimento.

Estamos falando em emagrecer, ter saúde e retardar o envelhecimento. Para tanto, devemos procurar receitas gostosas que usem os alimentos do nível 3.

Infelizmente não temos o hábito de comer regularmente cereais, trigo e arroz integral. Mas, se os introduzirmos na alimentação não os retiraremos mais, pois são muito saborosos e consistentes.

Nível 4 – Farinha integral, pães e massas integrais

Como já disse, os cereais integrais são muito saudáveis. Só que, muitas vezes, ao serem produzidos os pães e as massas, usa-se o açúcar branco. Portanto, é preciso regular sua ingestão.

De qualquer modo, é melhor comer 2 fatias de pão integral do que 10 gelatinas e 10 bolachas, ambas dietéticas, que não contêm nada de bom – nem o gosto.

Nível 5 – Laticínios, ovos, aves, peixes, carnes vermelhas e mel

Os alimentos aqui classificados são ricos em macro e micronutrientes, pobres em fibras e ricos em colesterol. Não devem ser a base da alimentação. Mas são gostosos e devem ser ingeridos.

O ovo, por exemplo, é condenado em alguns sistemas alimentares, possui bastante colesterol mas, em contrapartida, contém a biotina ou vitamina H – Coenzima R – essencial na metabolização normal de gorduras e proteínas.

O mel contém elementos nutrientes mas, cuidado, tem muito açúcar e é freqüentemente adulterado.

Nível 6 – Farinhas brancas, batata sem casca, arroz branco, gorduras, doces, refrigerantes, álcool e *diet*

Esses alimentos não possuem nada de bom do ponto de vista nutricional, pelo contrário. Batatas e arroz branco desprovidos das suas cascas só contêm amido, que se transforma rapidamente em açúcar, fornecem energia, mas perderam a parte boa, rica em fibras, e engordam bastante.

É quase impossível não ingerir açúcar branco porque está embutido em uma variedade enorme de alimentos. Falarei mais adiante sobre ele mas, basicamente, devemos saber que se transforma em gordura e vicia. Portanto, deve ser evitado.

Os alimentos *diet* são uma invenção relativamente recente na história da alimentação.

Os artificiais ciclamatos, aspartame, sacarina, sunette acesulfame-k, suspeitos de provocar câncer, são proibidos e liberados a toda hora.

Há os não artificiais, como a Stévia, mas em geral vêm misturados com sacarina e são extremamente concentrados como o açúcar. Um envelope que se põe tranqüilamente no cafezinho equivale às folhas de uma árvore inteira.

Por tudo isso, é importante evitar ou diminuir gradativamente a ingestão dos alimentos do nível 6 até que eles não façam mais parte do cardápio habitual.

A revolta

"Mas, doutor, eu vou ter de cortar o meu pãozinho, meus docinhos, minha bombinha de chocolate, minha cervejinha, meu uisquinho, meu arrozinho branco, minha batatinha e, de quebra, os meus refrigerantes e adoçantes *diet*? Assim não dá! Prefiro comer tudo e depois tomar aquele remédio novo que dissolve a gordura."

A coisa não é bem assim e, felizmente, já existe um processo de conscientização de que realmente essas coisas engordam, provocam doenças sérias, envelhecem etc.

Quando comemos sempre determinados alimentos, criamos um hábito. Os alimentos mais saudáveis descritos aqui num primeiro momento podem não proporcionar o mesmo sabor mas, à medida que nos acostumamos ao sabor, veremos que existem opções extremamente gostosas nos cinco primeiros níveis.

É só uma questão de hábito. Por isso hoje não se fala mais em regimes ou dietas e sim em reorganização alimentar. Não adianta ser rebelde sem causa. Nem tudo o que é gostoso é ilegal, proibido ou engorda.

Tudo o que for ingerido deve ter coisas boas: vitaminas, sais minerais, proteínas, lipídios e fibras. Mas é preciso não nos preocuparmos com a quantidade de calorias de cada fruta, vegetal ou cereal. É necessário quebrar essa cadeia obsessiva de ficar analisando cada fruta, cada vegetal, cada cereal. A alimentação deve ser o mais diversificada possível – frutas diferentes, vegetais variados, cereais inusitados – pois cada um deles tem suas próprias características e funções e todos têm elementos essenciais para o bom funcionamento do nosso organismo.

A única preocupação deve ser com a quantidade ingerida. Comendo devagar, automaticamente a quantidade será regulada pelo organismo por meio do mecanismo de saciedade. O próprio organismo dirá quando for a hora de parar, se for respeitado. Portanto, o quanto comer deve levar em conta a harmonia do organismo e não a cota de calorias permitida. Não devemos parar de comer por estarmos empanturrados ou por medo de engordar. O importante é a consciência.

Seguindo a reorientação alimentar restauramos o mecanismo de saciedade que regula a quantidade, quebramos a cadeia neurotizante de controlar o valor calórico de cada alimento e, conseqüentemente, reencontramos o prazer de comer.

Fibras

Hoje se fala bastante em fibras, na importância de comer fibras. Realmente é muito importante, mas por quê?

O estudo das fibras começou com pesquisadores ingleses numa aldeia africana onde a população não apresentava as doenças comuns à nossa civilização. Não eram encontrados determinados tipos de câncer e doenças cardiovasculares. Os pesquisadores perceberam que o papel da fibra era fundamental na ausência dessas doenças, e que não era a quantidade, mas sim a qualidade dos alimentos ingeridos que contava. Tudo o que esses aldeões comiam continha fibras, vitaminas e sais minerais – raízes, caules, flores, frutos e, de vez em quando, uma carne.

Num estudo comparado, concluíram que a comida dos ingleses, gordurosa e adocicada, com pouquíssimas fibras, demorava 4 ou

5 dias para ser eliminada pelas fezes. As vezes uma semana, necessitando do auxílio de laxante. A velocidade do trânsito intestinal do inglês era muito lenta, enquanto o aldeão africano eliminava tudo o que comia em menos de 24 horas.

Concluíram, então, que a fibra das frutas, dos vegetais e dos cereais é importantíssima para estimular o intestino, provocando um aumento da velocidade do trânsito intestinal, e que comer açúcar, farinha branca e outros alimentos sem fibras determina uma lentidão nesse trânsito, acarretando problemas muito sérios.

Os sais biliares (produzidos no fígado – bile), quando o trânsito intestinal é rápido, não se decompõem em ácidos tóxicos, como o ácido cólico que se torna apicólico (altamente tóxico) e o desoxicólico, que se transforma em 3 metilcolantreno (tóxico e cancerígeno). O trânsito intestinal lento faz que o intestino produza substâncias tóxicas e cancerígenas, pois os sais biliares transformados permanecem em contato com a parede intestinal por muito tempo. Esta é uma explicação para a alta incidência de câncer de colo e de reto.

Existe outro sal biliar que, com o trânsito intestinal lento, se transforma em litocolato e inibe a produção de bile. Sendo tal produção inibida, o colesterol não poderá ser eliminado, pois uma das funções da bile é justamente essa. Com isso, o colesterol vai se acumular em todo o organismo, criando o risco de diversos tipos de doença cardiovascular como enfarte, hemorróida, derrame e outras.

Juntamente com as fibras, a água tem um papel essencial no bom funcionamento do organismo. Encharcando as fibras, elas terão um efeito muito maior como estimulantes da parede intestinal. Tomar água é importantíssimo, mas não durante a refeição. O adequado é tomar muita água a partir de 2 horas após a refeição.

O álcool

Normalmente, quanto mais a pessoa bebe, mais usa o diminutivo para se referir à bebida, na intenção de minimizar o problema:

"Vou tomar uma cervejinha, um uisquinho", como se uma cervejinha fosse muito menos que uma cerveja. Obviamente, o álcool tem toxinas, calorias etc. prejudiciais no processo de emagrecimento, mas não podemos proibi-lo radicalmente, porque a pessoa não conseguirá abster-se.

Há pessoas que gostam do efeito do álcool, outras apreciam o sabor e há ainda quem goste dos dois: efeito e sabor.

Tenho um amigo que queria fazer o curso, mas nunca aparecia, até que me explicou o motivo: tinha medo que eu lhe cortasse a "cervejinha".

Só depois de lhe garantir que não mexeria em sua cerveja ele aceitou participar. E hoje está feliz, com seus suspensórios para segurar as calças e tomando sua "cervejinha" de maneira adequada. Até contribuiu com um depoimento neste livro.

No início, minha tática consiste em indicar a ingestão de fibras antes de beber, para quem gosta de tomar uma "bebidinha" à noite. Dessa forma, a bebida vai encharcar as fibras, dando a sensação de saciedade, fazendo com que o intestino e os rins funcionem melhor. Enfim, haverá boas condições para que se eliminem as toxinas, dando equilíbrio e levando ao empate em termos de emagrecimento. É uma maneira de levar a pessoa a beber menos sem usar de proibição – que seria prejudicial para quem está se empenhando em mudar de hábitos.

Já que ela não deixará de tomar sua cerveja, pelo menos que o faça de maneira mais adequada, bebendo devagar.

Como lidar com isso sem usar de proibições?

Usando a proibição dificilmente atingiremos o objetivo. Tenho um exemplo que mostra bem como agir.

Um casal de conhecidos meus foi fazer o curso comigo. Eles não tinham muitos quilos para perder, mas estavam um pouco acima do peso.

Logo no primeiro encontro com o grupo este casal detectou que o "mais errado" em sua alimentação era o excesso de bebida. Adoravam um vinhozinho e pensavam que, por isso, não conseguiriam emagrecer.

Na segunda semana relataram que haviam ido a um restaurante de massas e, para seu próprio espanto, haviam tomado apenas uma garrafa de vinho. Estavam acostumados a tomar duas garrafas durante um jantar. Ela perdera 1,3 kg e ele 1 kg naquela semana em que começaram a controlar a velocidade ao comer. Assimilaram o comer devagar e, automaticamente, passaram a beber devagar. Por isso, diminuíram a quantidade sem que fosse preciso impor-lhes isso. Na primeira aula não costumo falar no álcool. Enfoco mais o *que e o como* comer. Quando se come com prazer, bebe-se também com prazer, e pouco. Assumindo uma postura mais de *gourmet* e menos de glutão, esse casal acabou por baixar o consumo de álcool e o peso também baixou.

Não se obtêm bons resultados quando se vai direto à proibição da bebida. Não estamos, aqui, tratando de alcoolismo, que necessita de um tratamento específico. Estamos falando de ingestão de álcool durante o processo de emagrecimento.

Na segunda aula ao falar sobre as resistências ao emagrecimento, a mulher desse casal percebeu que tinha medo de emagrecer mais e ficar enrugada. Na seqüência do grupo deu-se conta de que, na verdade, já havia engordado três anos atrás a fim de evitar as primeiras rugas. Pudemos então trabalhar com essa resistência. Se ela não se desse conta desse fato, não conseguiria emagrecer, apesar de declarar ser esse seu maior desejo.

O açúcar

Hoje sabemos que o açúcar branco, além de possuir alto valor calórico, também se transforma em gordura e aumenta o nível de colesterol. Ainda provoca cáries, mau hálito, espinhas, acidez estomacal, aumento de radicais livres (envelhecimento) e consome grandes quantidades de vitaminas do complexo B.

Os sintomas da falta de vitamina B1 (tiamina) são fadiga, debilidade muscular, irritabilidade, depressão, memória fraca, formigamento nos dedos e sola dos pés e náuseas. A falta de vitamina B2 (riboflavina) ocasiona fadiga, eczemas, rachaduras nas membranas, prejudica a saúde da pele e dos cabelos, piorando a estética e diminuindo a auto-estima.

A falta de vitamina B3 (niacina) tem como sintomas dermatites, diarréia, desequilíbrio emocional.

Chega? Não. Nosso organismo não está preparado para o aumento brutal do consumo de açúcar nas últimas décadas, e o funcionamento do pâncreas é prejudicado, podendo levar à hipoglicemia e ao diabetes. Também o mecanismo da saciedade é alterado pelo excesso de consumo de açúcar.

Portanto, é fundamental diminuir ao máximo seu consumo ou, melhor ainda, evitá-lo, substituindo-o por frutas, mas não por alimentos *diet*.

8
Reeducação alimentar

Regime, dieta são palavras tão desgastadas que, na verdade, já até perderam o significado. Entende-se por dieta um conjunto de regras alimentares que vão orientar o dia-a-dia das pessoas. Só que, para efeito de consumo, esse conceito é muito simples, descomplicado. Que mistério ou mágica existe por trás de uma dieta? Nenhum. E isso não rende lucros. Portanto, complicando a coisa e transformando-a em algo misterioso, a mídia leva as pessoas a sentir necessidade de amparo, ajuda, para poderem administrar melhor suas perdas de peso.

Surge então toda uma parafernália receitada por médicos, curiosos, curandeiros e espertinhos... E o pobre do gordo entra de cabeça, submetendo-se a diversos inconvenientes e sofrimentos para chegar ao peso desejado.

Na verdade, tudo isso é uma grande exploração, muito bem vendida sob a forma de fórmulas milagrosas, que nada mais são do que medicamentos fortíssimos, vendidos como se fossem uma coisinha sem nenhuma importância, e podem até levar à morte.

Realmente, a pessoa emagrece, assim como eu mesma já emagreci inúmeras vezes, mas o que é feito é mais ou menos dar uma anestesiada nas verdadeiras causas da obesidade, suprimir o apetite e acelerar a eliminação e o metabolismo. Em poucos meses a pessoa adquire o peso desejado.

Mas e quando ela volta à vida normal? Sim, porque quem toma anfetaminas não tem uma vida normal. Está, constantemente excitado, oscilando entre euforia e depressão, dorme mal, tem um mau humor e uma agressividade muito grandes.

Quando a medicação é suprimida, vamos voltando à estaca zero: aquelas células que agora estão morrendo de vontade de se encher de gordura vão pedir mais e mais comida. Isso sem contar o lado emocional, que não foi trabalhado e vem com força total reclamar sua parte... O pior é que não pára por aí. O excesso de peso sempre ultrapassa a marca anterior.

Portanto, sem uma mudança de hábitos, as coisas não funcionam. O que é preciso é conscientização. Só ela nos leva a uma mudança de hábitos verdadeira e ao entendimento de que somos capazes – e somente nós o somos – de emagrecer sem usar medicamentos prejudiciais à nossa saúde.

(Anna)

Muito se fala, hoje, em reeducação alimentar, o que é ótimo. Os nutricionistas, em especial, estão dando o devido valor a um aspecto fundamental: a mudança do hábito alimentar. Nada de dietas radicais, apenas uma atenção especial com a saúde, valorizando uma alimentação mais saudável, com várias refeições ao dia, bem balanceadas, sem que isso seja causa de estresse.

Além desse aspecto, evitam a idéia das pílulas mágicas – muito divulgada pelos médicos, em especial os endocrinologistas – que estatisticamente nunca apresentaram resultados duradouros. Num primeiro momento, o paciente apresenta um rápido emagrecimento, mas estatísticas mostram que 95% voltam a engordar, "recuperando" até uns quilos a mais, além de apresentarem uma série de efeitos colaterais, muitas vezes desastrosos.

Mas é preciso fazer um alerta: emagrecer não é apenas um processo alimentar. Nunca se pode deixar de levar em conta os fatores psicológicos, emocionais e sociais que interferem nesse processo.

Dietas comuns

Vejamos o que há de errado com as dietas comuns:
Façamos uma analogia: imaginemos uma casa (nosso corpo) com uma caixa d'água (o que comemos) e sua torneira (como comemos). Essa casa está inundada (excesso de peso) porque a torneira quebrou (velocidade e atitude erradas em relação à comida). Quando decidimos fazer um regime é quando voltamos a atenção para a inundação, para a água vazando, ou seja, para o excesso de peso. Isso é um erro, pois a inundação é decorrente da torneira vazando e do conteúdo da caixa d'água; comparativamente, de nada adianta disfarçar o excesso de peso com roupas "disfarçantes", gastando energia na escolha do disfarce.

Os regimes comuns utilizam anfetaminas de um lado, tranqüilizantes de outro e uma alimentação de baixas calorias. Se esses regimes, fórmulas e métodos dessem certo não haveria mais obesos no mundo. É incrível a quantidade de sopas, dietas infalíveis, fórmulas e outros produtos que são anunciados na mídia como a solução para o problema da obesidade, no Brasil. Aliás, somos os campeões mundiais no consumo de anfetaminas.

De nada adianta atuar só na torneira, fechando-a e mantendo uma alimentação inadequada, com alimentos que não são bons. Durante um período isso parece resolver, mas o que é realmente necessário é limpar a caixa d'água (escolher os alimentos adequados) e consertar a torneira (mudar a atitude ao comer).

Para isso, há regras básicas a serem seguidas:

1. Não se alimentar com nada que não seja saudável, pois sabotar o processo não vai contribuir para o controle da obesidade. Não adianta comer gelatinas e bolachinhas dietéticas pois elas não têm valor nutritivo.
2. Comer devagar.
3. Olhar para si próprio – incluindo trabalhar com a ansiedade, compulsão e lidar com a mente a seu favor.

Alimentação não é só o que se come, mas como se come também. Colocar a mente a seu favor melhora o resultado, é preciso valorizar a própria imagem, e isso faz muita diferença.

Não nos podemos ater a um único aspecto, por exemplo, a quantidade de alimentos ingeridos. É preciso prestar atenção em si mesmo (sala inundada: é a pessoa como ser biopsicossocial, com seus aspectos emocionais), na alimentação (caixa d'água) e na maneira de se alimentar (torneira).

A perda de peso precisa ser tratada como um conjunto.

Por que comer devagar?

Mudar o hábito de comer depressa é muito difícil, aliás, como qualquer mudança de hábito. É mais fácil instalar um novo hábito – como o uso do cinto de segurança, por exemplo – do que modificar um hábito já arraigado – como mudar o lado da instalação do cinto. Acostumar-se com ele saindo do lado direito e prendendo do lado esquerdo vai levar mais tempo.

O primeiro passo é identificar a maneira inconsciente de comer para trazer esse processo inconsciente para o consciente.

O segundo passo é substituir o velho hábito pelo novo e, mediante a repetição, incorporá-lo e devolvê-lo ao inconsciente.

É preciso mudar o padrão mental; mudar o hábito, que é um padrão mental inconsciente. A maneira de comer é inconsciente, assim como a quantidade. O organismo já pede automaticamente aquela quantidade à qual está acostumado e a consome no tempo determinado pelo hábito. Assim, a quantidade de alimentos e a velocidade ao comer são hábitos.

Para mudar o hábito é preciso tomar consciência da maneira como se está comendo. Se toda a atenção for dirigida para o ritmo de comer, sem dúvida haverá uma mudança significativa. Como, em princípio, o ideal é comer devagar, o primeiro passo para a conscientização é observar seu próprio ritmo. Existem pessoas que, acabando de mastigar uma garfada, não tendo engolido ainda, já colocam nova garfada na boca. Isso provoca um problema digestivo, a boca nunca fica vazia, e precisa ficar. Esta é uma nova dica: não se deve colocar alimento na boca enquanto ela não estiver vazia.

Durante o processo de reeducação alimentar, o obeso vai deparar-se com muitas frustrações na mudança de hábito. É preciso persistir para vencer os obstáculos; deixar de fugir para qualquer novidade que possa dar um alívio temporário.

A velocidade está ligada à saciedade, que é uma mensagem do estômago que ocorre entre 14 e 16 minutos depois de iniciado o ato de comer. Portanto, ao comer muito depressa, quando a mensagem de saciedade chegar ao cérebro, o estômago já terá uma quantidade enorme de comida.

Existem diversos recursos que se podem utilizar e realmente funcionam. Por exemplo, mastigar 60 vezes, depositar o talher ao lado do prato entre uma garfada e outra etc.

Inicialmente, cada refeição vai exigir esse esforço. Por isso esse processo deve ser trazido do inconsciente para o consciente repetidas vezes, até ser incorporado novamente ao inconsciente. Isso representa "consertar a torneira".

Agora, para mexer na caixa d'água, há alguns cuidados básicos a serem observados.

Tudo o que for ingerido deve conter vitaminas, sais minerais, proteínas, gordura e fibras. Tendo esse cuidado não é necessário controlar as calorias, como se faz na maioria dos métodos de emagrecimento. Elas serão reduzidas indiretamente, sem aquela neurose de calcular o valor calórico de cada alimento e comer com uma calculadora do lado, o que tira o prazer de comer.

Comer não é crime, ter fome é saudável, não deve trazer culpa. Mas é importante resgatar o prazer em comer, resgatar o mecanismo de saciedade no processo de perder peso. Quem come depressa não percebe o que está comendo nem tem prazer em degustar os alimentos. Tem uma postura de glutão e não de *gourmet*. É preciso, então, aprender a distinguir a fome real da ansiedade canalizada para a comida. Vivenciar a fome real é perceber que ela é pequena quando livre de toda a ansiedade, das frustrações e raivas que se "ingerem" com a comida.

65

A restrição ao açúcar e às farinhas brancas não significa que nunca mais se vai poder comê-las. Num jantar em que só haja um prato de massa acompanhado de vinho, devem-se usar as técnicas de comer pouca quantidade e bem devagar. Assim é possível sair para jantar com o namorado, ou ir a um almoço de negócios. Não é preciso cancelar um compromisso ou ser grosseiro por estar-se reeducando. Não há nada mais chato do que dizer "estou de regime" num jantar com amigos.

Esse sistema faz o obeso se sair bem em qualquer situação.

9
Agir como magro

Esta é uma das fórmulas da orientação que leva a mudar a auto-imagem. A tendência do obeso é ficar pedindo: "Me traz um copo d'água, pega isso ou aquilo para mim". Isso não é apenas físico, é uma atitude mental. Agir como magro faz parte das mentalizações. Ao imaginar que chegamos ao peso ideal numa mentalização, é preciso que nos imaginemos com o corpo ideal, fazendo atividades tanto físicas como mentais, ou seja, produzindo, estudando, trabalhando, conversando, namorando, usando também a mente.

À hora da refeição, por exemplo, a mente deve funcionar como a de uma pessoa magra, assim como as atitudes físicas. Talvez ainda seja necessário depositar os talheres para comer mais devagar, mas a atitude mental já deve ser de magro.

É preciso aprender a separar o que é um "pensamento gordo" de um "pensamento magro", num conjunto.

O que vale é o conjunto

Pessoas como eu – que emagreceram e vêm mantendo o peso ideal há 15, 20 anos – foram acompanhando vários modismos todo esse tempo. No início, acompanhei movimentos como o naturalista, a macrobiótica, alimentação natural sem agrotóxicos.

Durante minha fase naturalista encontrei vários companheiros de movimento que apresentavam sobrepeso. E só comendo arroz integral, vegetais, tudo muito direitinho. Tratando alguns pacientes obesos que seguiam o movimento naturalista, descobri que 80 ou 90% de sua alimentação estava correta. Mas os 10 ou 20% restantes comprometiam o resultado. A pessoa apresentava um sobrepeso, sem chegar a ser obeso. O erro alimentar era relacionado ao excesso de açúcar, mesmo naqueles que só comiam açúcar mascavo e mel. Portanto, exageravam um pouco, e apesar de os critérios alimentares estarem praticamente certos faltava também uma atitude mental correta.

Quando me refiro a processos de emagrecimento de longa data não falo de sistemas como os AA (Alcoólicos Anônimos), com aquela idéia de uma vez alcoólatra sempre alcoólatra. Não creio na necessidade de vigilância constante. Quem consegue mudar seus hábitos alimentares e obter uma atitude mental favorável não precisa ficar eternamente se policiando. A mudança de atitude servirá para o resto da vida. Portanto, não é uma atitude de vigilância, mas de estar atento, estar consciente do que se faz.

Então, o que se come, a atitude e também a imagem, a mentalização no sentido de usar o poder da mente formam um conjunto, que leva a caminhar cada vez mais na direção de uma boa orientação alimentar.

É esse conceito de conjunto que eu incorporei e utilizei em meu próprio processo de emagrecimento. Mas há outro fator importante a se considerar: o pensamento individual. É preciso acreditar que, entre as falsas pílulas mágicas, as propostas miraculosas de emagrecimento e a avalanche de produtos "engordativos" apresentados pela mídia, apelando para o consumo, há o pensamento individual. Só pensando individualmente é possível emagrecer e permanecer magro, contrariando a tendência de engordar da população mundial em geral.

Apenas ler este livro de nada adianta. É preciso entender a idéia de conjunto – atitudes, hábitos alimentares e mentalizações – e pô-la em prática. Conseguindo isso, estaremos no caminho certo. Não é um processo rápido (o que seria nocivo à saúde), nem muito lento (o que pode desanimar). É um processo que pode ter seu próprio ritmo estabelecido de maneira saudável.

10

Pensar no que se ganha

Toda pessoa que tem excesso de peso, principalmente mais de 10 kg, quando pensa no total a perder acaba desanimando. Acaba sempre se perguntando: "Como vou conseguir?".

É preciso estabelecer: "Esta semana eu quero perder 1 kg, ou 1,5 kg, e para isso vou emagrecer, por dia, 150 g." A cada refeição deve-se conscientizar, sabendo que estará perdendo alguns gramas.

É de grão em grão que a galinha enche o papo. É de refeição em refeição que o obeso emagrece. Pensar no total só serve para perder energia. É preciso pensar no objetivo imediato, os 150 g do dia, e dormir feliz com essa conquista.

Outro cuidado importante é com o pensamento dual, de tudo ou nada, como quando se pensa: "Eu estava fazendo tudo direitinho, mas daí eu comi um bis e estraguei tudo!". Não, não é assim. Mas vai estragar tudo, realmente, se se sabotar, dizendo: "Já que eu estraguei, que se dane, vou comer uma barra inteira de chocolate".

Na verdade, esse tipo de pensamento, em geral, não se relaciona apenas com a alimentação. Pessoas que têm esse hábito fazem o mesmo com o estudo, por exemplo: se, para prestar um concurso, se propõem a estudar oito horas por dia e, em determinado dia, só estudam cinco horas, acabam por culpar-se e criticar-se, achando que não estudaram nada e deixam de estudar no dia seguinte.

Isso é uma característica de pessoas que desistem quando algo não dá certo, quando as coisas não acontecem de acordo com o que queriam. Quando não é como planejam, é como se não fosse nada. O obeso, em geral, tem baixa tolerância à frustração. E no processo de emagrecimento sempre alguma coisa não vai sair da maneira planejada, sempre vai haver algum furo. Por isso é importante trabalhar com esse aspecto psicológico, ensinando a pessoa a lidar com esse seu lado para não permitir que se envolva nessa cadeia, pois o estrago pode ser muito grande.

Em vez de pensar no quanto há de peso para perder, é mais saudável pensar nos ganhos, valorizá-los. Não se pode ter como meta apenas perder os 20 kg. Cada grama, cada quilo deve ser visto como uma vitória. No dia em que nos acontecem 10 coisas, 3 boas, 1 ruim e 6 razoáveis, se valorizarmos aquela única coisa ruim que nos aconteceu, terá sido um péssimo dia. Mas, se as 3 boas forem valorizadas, a sensação será outra.

A mentalização pode colaborar muito nesse sentido, pois ajuda a curtir sempre o prazer de vencer.

11

Os oito mandamentos

Aqui vão os oito "mandamentos", sem os quais é impossível obter o resultado esperado e duradouro.

1º – Comer devagar

Importante para ajudar a diminuir a ansiedade e a voracidade, levando a uma atitude correta com relação aos alimentos. O obeso ficará mais elegante e comerá muito menos.

Uma boa dica: respirar, pensar em diminuir o ritmo e recomeçar, apoiando os talheres entre uma garfada e outra, e só recomeçar quando os alimentos tiverem sido engolidos, é um ótimo recurso para quem percebe que está comendo depressa demais. Também cortar um sanduíche em 4 pedaços – ou 8, o que é ainda melhor.

2º – Comer fibras

O intestino vai funcionar perfeitamente, a fome vai diminuir e a celulite e as medidas ainda mais!

As fibras ajudam na digestão, fazendo com que aproveitemos apenas a parte boa dos alimentos, eliminando o excesso.

Dica: sempre comer pães e cereais integrais, que contêm fibras. Mas, cuidado! Sem exageros. Pelo fato de serem integrais, vão satisfazer o apetite com menor quantidade. Portanto, é importante não se deixar levar pela ansiedade.

3º – Tomar muita água

Os rins funcionarão melhor, a desintoxicação se processará melhor, o inchaço diminuirá e as gorduras localizadas junto com ele! A água encharca as fibras dos alimentos e proporciona uma sensação de saciedade por muito tempo, além de contribuir favoravelmente para o funcionamento do intestino. Com as fezes são eliminadas também as gorduras. Além do mais, a água serve para enganar a compulsão.

Dica: manter sempre uma garrafa de água na mesa de trabalho, ou uma jarra de chá sem açúcar ao alcance das mãos, ajuda a criar o hábito. Dois litros de água por dia são uma boa quantidade. Água e chás nos intervalos das refeições são muito bons, pois são bastante diuréticos.

4º – Diminuir as quantidades

Ao começar a comer devagar e incluir fibras e água na alimentação, a quantidade será automaticamente reduzida. Essa mudança de atitude trará uma sensação de saciedade, bem-estar e mais disposição física e mental.

Dica: colocar no prato a metade do que se desejaria pôr garante a elegância. Mas é preciso diminuir aos poucos. Partir os alimentos em pequenos pedaços e mastigar devagar faz parecer mais difícil comer toda uma fatia de pão.

5º – Trabalhar as imagens mentais

Muito provavelmente, o que nos faz engordar é a ansiedade – ou uma soma de fatores de fundo emocional – aliada a uma má alimentação. Ao trabalhar a imagem, estamos usando a mesma ferramenta, mas em sentido contrário.

Dica: o exercício de trabalhar as imagens mentais deve ser feito ao menos uma vez ao dia.

6º – Evitar açúcar. Cuidado!!!

Cada alimento tem uma história e seria difícil contar todas. Mas, ao incorporar a idéia de que devemos sempre nos alimentar de coisas boas, as restrições serão muito poucas, praticamente ficando fora do cardápio habitual apenas o açúcar.

O açúcar *in natura* é bom e é fornecido pelas frutas, pelos vegetais e pelos grãos. Durante o processo de digestão ele estará presente em quase todos os alimentos. Nosso organismo está plenamente capacitado para metabolizar esses açúcares e precisa deles para seu funcionamento cotidiano.

Mas e o branquinho? Bem, aí a história muda. O açúcar refinado é resultado de um processo industrial durante o qual é retirado da cana-de-açúcar tudo o que não é açúcar, ou seja: fibras, vitaminas, sais minerais etc. Para produzir 1 colher de sopa de açúcar é necessário processar uma quantidade muito maior de cana-de-açúcar, quantidade essa que jamais seria ingerida se o produto estivesse *in natura*.

Portanto, ocorre uma *overdose* de açúcar no metabolismo, levando a uma descompensação das funções do pâncreas, pode levar a um diabetes, se houver susceptibilidade.

Cabe neste processo uma analogia com as drogas. Depois desse pico de açúcar, o organismo produz excessivamente determinados elementos, para queimá-lo. Isso leva a uma queima de açúcar além do que foi ingerido, deixando a pessoa em constante necessidade de mais e mais açúcar para manter funcionando esse círculo vicioso.

E os adoçantes? Bem, já que o açúcar é nocivo, por que continuar cultivando o paladar pelo doce? Sem adoçante os sabores se diferenciam e os alimentos têm seu gosto verdadeiro, o paladar fica mais apurado. Além do mais, há estudos que afirmam que o adoçante, a longo prazo, leva ao mesmo processo hipoglicêmico do açúcar.

Quando damos um alimento doce a um bebê pela primeira vez, ele faz uma cara feia e provavelmente não gosta. Insistimos, insistimos, até que o bebê se acostume. Fazendo o processo inverso, faremos careta ao tomar o café sem açúcar na primeira semana e depois seremos recompensados pela perda de peso e pelo aguçamento do paladar. Até o dia em que acharemos horrível o café com açúcar. Com adoçante, então, pior ainda! Quando se é viciado em açúcar é preciso eliminá-lo gradativamente, substituindo-o por frutas.

Nota-se, inclusive, que quando são eliminados o açúcar e o adoçante da alimentação diminui a vontade de comer entre as refeições.

Dica: uma fruta ou uma ameixa seca suprirá a necessidade de doce quando vier aquela vontade incontrolável. O organismo ficará abastecido e a vontade passará.

7º – Agir como magro

Podemos notar que os obesos são pesados, suam, sofrem, qualquer movimento é causa de grande desconforto e insegurança, medo – até mesmo físico – de levar um tombo, por exemplo.

O acúmulo de gorduras e o excesso de peso são uma maneira de demonstrar medo de mudanças. A imobilidade que acompanha a gordura é um reflexo de todo um processo interior de "aceitação" de situações de fuga, de enfrentamentos e de confrontos.

Quando estamos imóveis, tratando de administrar todas as circunstâncias que de alguma forma nos contrariam, nas quais não nos sentimos capazes de atuar de modo positivo, geramos uma ansiedade que acaba canalizando para uma via fácil e permitida: a comida. Depois vem a compulsão, que preenche os vazios gerados pela ansiedade, pela frustração e pela própria imobilidade. Isto é um círculo vicioso, que se retroalimenta.

Se nos movimentamos como uma pessoa magra, assumindo atitudes de magro, acabamos ficando com a imagem de magros. Ou seja, o próprio esforço necessário para executar esta tarefa já gasta energia e queima calorias.

Dica: deixar a preguiça de lado e fazer pessoalmente a própria cama, não perder a oportunidade de subir uma escada, arrumar as próprias coisas, buscar tudo de que se precisa em vez de pedir para alguém são exercícios físicos, importantes para o processo de emagrecimento. Mas não de maneira obrigatória. Tudo deve ser feito com prazer.

8º – Lidar com forças ocultas (resistências)

> Mas, espera aí, que idiota que eu fui! Eu não tenho jeito mesmo, eu tenho mais é que me ferrar! Só assim eu aprendo. Será que eu nunca vou conseguir me conter? Mas, também, só uma vezinha não faz mal. Amanhã eu juro que não como mais nada disso, afinal, hoje foi um dia especial. Meu marido está de péssimo humor, levei uma multa no trânsito, meu cachorro fez xixi no meu tapete favorito, e mais tantas e tantas coisinhas que me fizeram tão infeliz... Hoje não agüentaria me privar de um prazer... Amanhã é outro dia...
>
> *(Beth)*

Todo esse discurso apresentado acima tem um nome: sabotagem. Essa é uma técnica muito sofisticada que o obeso aplica em si mesmo quando começa a ganhar a guerra. E o mais interessante é que, quando os resultados começam a aparecer, as sabotagens vêm combatê-los... e geralmente ganham. E há também as sabotagens da família, do marido, das amigas.

Mas a mais forte mesmo é a que se faz a si próprio, sabendo exatamente a ocasião em que deve ser feita: num momento de maior vulnerabilidade, mais vazio, de maior ansiedade. E assim todo aquele esforço vai por água abaixo, retardando o processo e provocando outra série de sabotagens.

A família também não gosta, não! A começar pelos filhos, que não querem perder aquela mãezinha fofa e trocá-la sabe-se lá pelo quê. No que essa mulher vai se transformar quando emagrecer? O marido, então, entra em pânico! Antevendo uma série de problemas para administrar uma mulher "nova", começa a inventar aperitivos, jantares, dizer que a ama assim mesmo, que não está nem aí... Mas bem que admira quando vê uma mulher linda, gostosa!

A mãe acha que a saúde vai ficar abalada. Recomenda que coma bastante, senão vai ficar igual à tia, que de tanto fazer regime virou esquizofrênica...

Essas são as forças ocultas de que se fala nos cursos. Elas, às vezes, não são tão óbvias assim, e agem de forma imperceptível. Depois, quando o ponteiro da balança acusa o estrago, aí vem uma sensação de frustração e raiva, e começa tudo de novo.

12
Depoimentos

Incluí vários depoimentos, de pessoas que vivenciaram o método e obtiveram bons resultados, objetivando a troca de experiências entre o leitor e esses meus pacientes. Muitas vezes, uma frase de alguém que já viveu o processo de emagrecimento produz mais efeito do que minhas recomendações, funcionando como um gatilho, como a motivação, iniciando o processo de mudança.

A opção

> (...) Este é o terceiro curso que faço. Se bem que o primeiro — de muito bons resultados — foi seguido de uma catástrofe "titaniquiana", e foi tudo por água abaixo. Quando cheguei ao curso, estava totalmente impotente em minha luta contra a obesidade. Anos a fio sem me olhar, sem me conscientizar, e me adequando aos novos tamanhos de roupas, vagarosamente criando em minha mente a idéia de que quem quiser que goste de mim assim mesmo... O famoso DANE-SE. E, realmente, eu dancei. Quando dei por mim, estava com 89,6 kg, e a coisa não ia parar por aí...
>
> *(Anna)*

(...) Sempre fiz regimes tradicionais, perdia alguns quilos e não conseguia perder mais....

(Marcos)

(...) Nunca fui gordo ou obeso, porém, já havia alguns anos, apresentava aquele incômodo e pouco esbelto, excesso de peso, que se concentrava basicamente na linha da cintura. Quando optei por participar do grupo tinha por objetivo único desvencilhar-me definitivamente dos quilos que me torturavam a vaidade...

(Sérgio)

(...) Eu engordei muito, fui achando que tudo bem, que não estava tão gorda assim. Fui me acostumando, pensava que como estava mais velha seria normal ficar mais gorda. Mas, por outro lado, eu também estava meio infeliz. Até que chegou um momento em que eu percebi que estava realmente muito acima do meu peso, estava me sentindo mal, não conseguia nem ver as minhas fotos. Eu estava com 8 kg a mais, o que é muito porque sou baixinha.

(Fátima)

(...) Eu conheci o Godoy há tempos, desde que abri meu restaurante natural, porque ele come freqüentemente aqui. Há um ano vínhamos conversando sobre a necessidade de eu emagrecer, pois no final do ano passado eu estava com 12 kg a mais. Comecei fazendo umas entrevistas individuais para entender o que estava acontecendo comigo. Primeiro porque eu estava vivendo um momento mais ou menos complicado em função de perdas, inclusive perda de um familiar. Essas sessões me ajudaram a entender o que se passava comigo. Segundo, eu vinha de um processo de pós-gravidez. Eu tive um filho aos 40 anos — meu primeiro e único — e depois não consegui emagrecer, voltar ao meu peso (...) O Godoy me mandou checar se havia alguma disfunção metabólica, devido à mudança hormonal da gravidez, mas uma pesquisa clínica demonstrou que não havia nada alterado (...) Eu não trago uma história de ter procurado muito por dietas ou outras alternativas para emagrecer; dessas de tomar medicamentos. Eu nunca tive interesse nisso e acho que a minha escolha foi superacertada...

(Helena)

(...) Nessa época eu precisava muito fazer terapia, eu estava muito gorda. Foi a fase em que eu atingi o maior peso. Não estava gostando de mim, estava de mal comigo e de mal com a vida, triste. Como eu sou terapeuta, acho que a terapia é fundamental, pois eu sou o instrumento do meu trabalho, tenho de estar bem para trabalhar com as pessoas. A terapia me ajudou muito, eu emagreci e nunca mais engordei. Eu perdi uns 12 kg, estava pesando mais do que quando fiquei grávida. E, como eu tenho dificuldade para andar por causa da paralisia infantil, não posso engordar; complica muito meu andar (...) Antes de conhecer o Godoy eu fui viciada em anfetaminas porque vivia de dieta, emagrecia e engordava novamente. Estava ficando "lelé" da cabeça, queria ficar elegante e não conseguia emagrecer (...) Quando eu comecei, era tão maravilhoso que eu comia pratos de saladas, com fibras, com não sei o quê e me sentia muito bem. Me sentia comendo bastante, só coisas boas. O intestino funcionava muito bem e eu me sentia maravilhosa...

(Madu)

O começo

(...) Comecei o curso e imediatamente perdi uns quilos, em virtude da introdução de hábitos muito simples, como comer devagar e ingerir fibras...

(Anna)

(...) No início, talvez a atitude deva ser um tanto radical, em função do número de quilos que se precisa perder...

(Marcos)

(...) Na primeira seção fui questionado pelo Dr. Godoy acerca de meu objetivo, qual sensação buscava resgatar, e não tive dúvidas: almejava e desejava voltar a sentir uma sensação de moleque, quando minhas calças ficavam soltas na cintura e dependiam de cinto para manter-se no lugar...

(Sérgio)

(...) Eu já tinha uma vivência de grupo terapêutico porque já havia feito terapia em grupo. Não houve, então, tanta surpresa. O grupo foi muito bom, ajudou muito. Eu demorei um pouco para engrenar e acho que isso é importante passar para as pessoas. Não é uma maravilha no início. Mas depois consegui entender o meu processo de emagrecimento (...) Nas três primeiras semanas não perdi nenhum grama, só empatei, quase desisti. Sentei então com o Godoy para descrever tudo o que eu estava comendo e como eu comia. Ele pontuou vários erros que eu estava cometendo, e eu corrigi. Pronto, comecei a emagrecer...

(Helena)

Quanto a perder

(...) Havia engordado 29 kg nos últimos anos, num processo vagaroso e eficiente, em que não existiam perdas de peso, só ganhos (...) Hoje, 2 anos depois do primeiro curso, com um intervalo de 1 ano e meio, estou com quase 12 kg abaixo do que estava, mesmo tendo passado por um período extremamente difícil, mudado de país e de vida...

(Anna)

(...) Perdi 7 kg. Tinha 78 kg, o que para meus 1,70 m era muito...

(Marcos)

(...) Hoje me sinto com o dever cumprido. Emagreci mais ou menos 6,5 kg, e alcancei meu desejo...

(Sérgio)

(...) Para mim foi muito bom, eu emagreci 8 kg, mantive, não engordei nem um grama...

(Fátima)

(...) Nosso grupo fez o curso durante umas 11 semanas, esticamos um pouco. Nesse período eu emagreci 8 kg...

(Helena)

O processo

(...) O que mais me impressiona na técnica de reeducação alimentar do Godoy é a subjetividade do processo. Ele reduz o açúcar e a farinha branca e incorpora as fibras, mas o importante é o subjetivo, como entranhar o novo comportamento. É preciso contagiar a forma de pensar ao se alimentar. (...) Aprendi nesse curso que a parte psicológica é que faz emagrecer, e a balança mostra. As discussões em grupo ajudam muito, encontramos de tudo: quem é crica, quem é maníaco... As discussões giram em torno da auto-estima e da ansiedade. Nas primeiras discussões já dá para saber quem vai desistir ou quem vai continuar em função do que aparece em termos de postura diante das próprias dificuldades...

(Marcos)

(...) Verdadeiramente, o curso não é um regime nem uma dieta, muito menos se recorre a medicação ou qualquer outro agente externo. Não existem sopas ou *kits* milagrosos. Trata-se de uma terapia de conscientização e formação de hábitos saudáveis de alimentação. Sem recorrer a apelos milagreiros ou resultados que independem de qualquer dedicação, o método ocasiona uma verdadeira revolução nos hábitos alimentares. Porém, a grande vantagem sobre tudo o que eu já conhecia sobre emagrecimento é o fato de não necessitar de manutenção, porque quem se adapta e conscientiza nunca mais vai engordar. Ou seja, emagrecimento verdadeiro, perpétuo e consciente...

(Sérgio)

(...) Eu achei muito interessante o processo, porque trabalha com conceitos fundamentais. Em primeiro lugar, com relação aos alimentos. Embora eu já tivesse, antes, uma boa alimentação, muito parecida com a da proposta — só que acrescida de doces e massas —, algumas coisas ainda precisei melhorar. Hoje percebo que essa alimentação, baseada fundamentalmente na importância de comer fibras, é muito rica, dá uma saciedade e não há necessidade de comer muito. Assim, quando ele fala para diminuir a quantidade e comer apenas fibras, cereais, farinha integral etc., está apenas reforçando, porque não sentimos tanta falta. Ao passo que, se comemos farinha branca, logo ficamos com fome de novo. Quando comemos açúcar, o pâncreas dá um pique e já queremos comer açúcar de novo. Sei que tem algo a ver com a insulina, mas não sei bem o quê. O Godoy explica muito bem esses conceitos médicos, de funcionamento do organismo, sistema glandular e outros, o que nos ajuda na conscientização. Não guardei os detalhes, fiquei apenas com a essência de como fazer para o processo funcionar bem. Também aprendi a importância de beber bastante água. Assim, pude organizar o que eu já fazia antes, só que sem ser sistemática, sem saber que era tão importante. Eu sempre cuidei muito de mim, faço ioga há muito tempo e sempre cuidei de trabalhar com a ansiedade, a parte mental dos exercícios, de tudo. Acho que o processo do Godoy é legal porque ele juntou tudo, sintetizou numa coisa que realmente funciona. Ele juntou o lado psicológico — das resistências do inconsciente — com todo um trabalho terapêutico por trás. A reeducação alimentar está focada em alimentos ricos em sais minerais, vitaminas, fibras, o que traz muitos benefícios para a saúde, faz com que nos sintamos melhor. E assim uma coisa vai complementando a outra. (...) O processo do Godoy é lento, demorado; eu emagreci os 8 kg em praticamente 8 meses, o que é muito pouco se pensarmos em termos de uma dieta comum, que nos faz emagrecer 4 kg em 15 dias...

(Fátima)

(...) É muito boa a maneira como o Godoy lida com nossa emoção em tudo o que tem relação com a alimentação. (...) É preciso uma boa dose de esforço porque não tem aquela panacéia de dietas e remédios. Ele nunca estipulou a quantidade permitida. Sempre me mandou comer devagar e ficar atenta para o sinal de saciedade. No que se refere à preocupação com o corpo — que tudo vai despencar se emagrecermos muito —, não deve ser valorizada. O importante é emagrecer com saúde, se alimentando bem, e não emagrecer malhando horas a fio sem aprender a se alimentar direito ou gastar muita energia na malhação em vez de se centrar no como e o que comer. Malhar não é uma imposição; se for prazeroso pode-se malhar o quanto quiser. Resumindo, acho que trabalhar a questão de emagrecimento em grupo é bom porque podemos compartilhar o processo com outras pessoas, ouvir o que os outros têm a dizer e aprender com eles. Precisamos ter em mente que as coisas de um podem servir para o outro...

(Helena)

Resistências e sabotagens

(...) Certamente num universo de pessoas que buscam perder 15 ou 20 kg eu era um "peixe fora d'água". Porém, é muito mais difícil buscar perder pouco do que muito e a explicação é lógica: quando precisamos perder pouco sempre imaginamos que a qualquer momento, quando quisermos, fecharemos a boca. Ledo engano! Quanto mais esperamos mais engordamos e, se nada for feito, acabamos por nos conformar com a nova parceria ingrata: a barriga. E passamos então ao velho discurso dos barrigudos. Mulher não valoriza o corpo, busca apenas a mente do homem. Outro ledo engano. Basta conversarmos com algumas mulheres e constatarmos que esta máxima há muito foi superada...

(Sérgio)

(...) Ainda faltava um pouco, mas é superdifícil enfrentar algumas resistências, e eu tinha algumas que não me deixavam perder aquele restinho. Participei, então, de outro grupo. Isso é outra coisa boa da orientação do Godoy. Claro que é bom ter uma meta, mas se não conseguimos podemos mudar de grupo, o que é superestimulante. Como é tudo natural, nosso tempo é respeitado, nosso ritmo é nosso ritmo. Venci minhas resistências e em 2 semanas perdi os 2 kg que faltavam, perfazendo um total de 10 kg. Comemoramos bastante e no fim da comemoração eu disse: "Agora eu quero perder mais dois". Esses eu consegui sozinha, sem fazer grupo...

(Helena)

(...) Fui aprendendo a lidar com a alimentação. Quando o Godoy dizia que eu tinha de aprender era difícil de acreditar, pois eu não tinha conseguido até aquele momento. Depois eu vi que era isso mesmo; temos de aprender a lidar com a alimentação...

(Madu)

A mudança de hábito

(...) Mas o bom mesmo é quando sentimos que podemos dominar o processo da digestão. Para mim foi o mais importante de tudo...

(Anna)

(...) Fiz dois cursos — 4 meses — porque sinto o quanto é difícil a mudança de hábito. Às vezes pensamos que mudamos, durante uma dieta tradicional, porque emagrecemos num período muito curto. Só que é aí que elas falham. Quando começamos a comer de tudo continuamos comendo de forma errada, coisas erradas. Pronto, engordamos novamente porque o hábito errado não foi mudado (...) Mas o mais interessante, realmente, na orientação do Godoy é a mudança do hábito alimentar. Não é uma dieta, é uma conscientização que nos faz ver o quanto devemos comer, o que estamos ingerindo. É preciso comer devagar porque o cérebro tem um tempo para receber a mensagem de saciedade. Assim, o processo reúne uma série de coisas fundamentais em vários níveis: psicológico, físico, emocional, nutricional...

(Fátima)

(...) O que eu precisava mesmo era dessa mudança de hábito que ele propõe, que é maravilhosa (...) O processo de transformação pode ser mais demorado para alguns. Às vezes é difícil assumir a atitude ao comer que, para mim, é o básico. Poucas quantidades, mastigar bem, olhar antes para o alimento, escolher o que desejamos, preparar um prato harmônico, não comer se chegarmos em casa ansiosos ou cansados — tomar banho, ouvir música, relaxar e daí, sim, preparar a comida...

(Helena)

As mentalizações

(...) O que ajudou muito, também, foram as imagens, as mentalizações, que sempre que podia fazia...

(Anna)

Hoje

(...) Há vinte anos, quando eu cursava a faculdade de Psicologia, tinha duas amigas que eram pacientes do Godoy, que falavam dele para mim. Eu já havia feito outro tipo de terapia (...) estava muito gorda (...) emagreci e nunca mais engordei. Eu perdi uns 12 kg...

(Madu)

(...) Este novo curso veio junto com uma transformação interior e com muito mais tranqüilidade emocional. E os resultados estão aparecendo. As pessoas já começam a reparar que estou mais magra e hoje, pela primeira vez desde muito tempo, pus um cinto. Parece brincadeira que uma coisa tão simples possa ser tão significativa. Mas, na verdade, ela é um sinal exterior de uma mudança que vai silenciosamente ocorrendo, a cada dia que passa. A verdadeira prova de amor por si próprio: tratar seu corpo como ele gosta e quer...

(Anna)

(...) Pois bem, hoje trabalho com auxílio de suspensórios para segurar as calças do terno, que ainda não mandei ajustar...

(Sérgio)

Uma mensagem

(...) Para completar, deixo aqui umas receitinhas:

Sanduíches:

1 fatia de pão integral, quanto mais pesado e "cascudo", melhor

85

Alface e/ou brotos de feijão, de soja, de alfafa
Tomate e/ou berinjela cozida
Azeitona, e/ou 1 fatia de seu queijo preferido
Molho *shoyu*
1 pedaço de frango desfiado (a gosto)

Shakes:
1/2 copo de leite desnatado
1 pedaço de cada uma de suas frutas preferidas
2 ameixas secas, sem caroço
1 colher de chá de aveia, ou All Bran, ou granola, tudo batido no liqüidificador com duas pedras de gelo

Arroz integral com gersal:
Cozinhar o arroz como macarrão, em bastante água. Escorrer e temperar com o gersal no prato.
Torrar o gergelim, bater no liqüidificador, com a metade da quantidade de sal.

(Anna)

(...) A obesidade muitas vezes é decorrente de um verdadeiro vício alimentar — vício como o cigarro — que, em vez de lhe afetar os pulmões, lhe ataca a estética, a vaidade e, com freqüência, a coronária. Livrar-se do vício alimentar é muito mais fácil do que livrar-se do cigarro ou da bebidas porque jamais teremos de parar de comer. Sempre encontraremos alimentos similares mais saudáveis, ao contrário do álcool ou do tabaco, em que vale somente o tudo ou nada. Pois bem, aprender a escolher os alimentos, ter o poder de selecioná-los hábil e inteligentemente, de forma saudável e satisfatória, é o grande desafio que o curso propõe. Vale a pena. Por isso, não feche a boca. Abra a cabeça e emagreça.

(Sérgio)

(...) A mudança foi imensa, qualquer um pode dizer isto de mim. O que era a Helena de antes e o que é a Helena agora: mudança de energia, de seu fluxo. Quem não conhece não imagina como é gostoso esse jeito de emagrecer. Mesmo quando nos pesamos — e o Godoy pede para que nos pesemos uma vez por semana — e vemos que não perdemos nada, mas empatamos, não devemos desistir, pelo contrário. Devemos insistir mais um pouco (...) Não podemos desanimar nem nos assustar. Nem mesmo achar que teremos um holofote em cima nos destacando o tempo todo, porque não é nada disso, é só uma fantasia. Nesse processo, o que vamos encontrar, com certeza, é a nós mesmos.

(Helena)

(...) Foi uma experiência maravilhosa, me ajudou muito, para mim foi fundamental. O importante, então, é aprender a comer, sentir-se saudável, aprender a manter o peso e fazer exercícios físicos. A independência de remédios, saber que podemos conseguir sem o uso de drogas é maravilhoso. É o resgate do próprio organismo.

(Madu)

13
O que comer: sugestões

Primeira semana

O mais importante é libertar-se do vício do açúcar, incorporar mais fibras em sua alimentação e água nos intervalos das refeições. Para tanto, faça uma compra rica em frutas frescas e secas, vegetais e cereais.

Vamos sugerir alguns cardápios que poderão ser modificados conforme o seu gosto, mas que obedeçam ao mesmo princípio. Preocupe-se apenas em comer devagar, ingerir mais fibras e satisfazer sua fome. Desta forma, você começará a perceber que pode diminuir as quantidades progressivamente (sobretudo após o terceiro dia).

Café da manhã

Frutas
Cereal (Musli sem açúcar e sem mel)
Pão integral
Queijo branco
Café, chá ou leite desnatado

Lanche

Fruta, sanduíche integral ou suco

Almoço

Salada
Carne (Frango, peixe ou carne bovina)
Arroz integral
Feijão

Lanche

Fruta, sanduíche integral ou suco

Jantar

Salada ou sopa de vegetais com carne

Lembre-se de tomar água nos intervalos das refeições e quando tiver vontade de ingerir doces substitua por frutas frescas ou secas. (Tenha sempre à mão uva passa, banana, damasco, ameixa, etc., sem se preocupar com as quantidades.) Não coma barras de cereais que contenham açúcares e adoçantes.

SEMANAS POSTERIORES

A partir da primeira semana tudo vai ficando mais fácil. Não coma sempre as mesmas opções de frutas, verduras, legumes, cereais e carnes. A diversidade traz saciedade, prazer e saúde. Todas as frutas são boas assim como, todos os cereais, verduras, carnes e nozes, castanhas e amêndoas. Esta riqueza de variedades é que faz você emagrecer, se reeducar e incorporar ao seu dia-a-dia hábitos saudáveis de alimentação para o resto de sua vida, não se frustrando com mais uma dieta milagrosa, espartana, mas insuportável a médio e a longo prazo.

SUGESTÕES DE RECEITAS

Biscoito de frutas secas

(Excelente para momentos de compulsão por açúcar)

1 xícara de chá de tâmaras picadas
1 xícara de chá de nozes picadas
1 xícara de chá de coco ralado
½ xícara de chá de suco de laranja doce
¼ xícara de óleo
1 colher de sopa de raspas de limão

Misture bem todos os ingredientes, sem ir ao fogo, até ficar no ponto de moldar os biscoitos. Afunde o centro com o dedo e recheie com passas. Asse por 10 a 15 minutos em fogo médio em assadeira untada com manteiga.

Pão integral

3 1/2 xícaras de chá de farinha integral
2 1/2 copos de água morna
um pouco de sal
2 colheres de sopa de óleo
1 tablete de fermento biológico instantâneo
1 colher de sopa de aveia

Misture tudo dando liga à massa com a água, deixe descansar por 45 minutos e ponha em forno quente por 40 minutos.

Sanduíche integral

Ponha entre duas fatias de pão integral:
Queijo *cottage*
Alface
Uma rodela de tomate
Uma fatia de queijo branco
Uma fatia de peito de peru
Cenoura ralada

Sobremesa de frutas

Fatie duas maçãs e duas bananas, ponha para assar numa assadeira por 15 minutos. Enquanto isso, faça numa panela uma calda com limão, canela e gengibre. Depois é só jogar por cima e servir.

Sucos

Bata uma fatia de abacaxi, meio limão com casca, duas folhas de couve e um raminho de hortelã com um litro de água.

Bata água de coco e algumas uvas no liquidificador até espumar. Coe e sirva com gelo.

Vitamina

Bata no liquidificador mamão, laranja e banana. Se quiser, acrescente leite desnatado, ameixa ou damasco. Vale uma refeição.

Consideração final

Bem, quem tem sobrepeso ou estuda nutrição deve estar chegando ao final deste livro com a seguinte questão em mente: "Como o autor escreveu um livro sobre emagrecimento, sem se basear em tabelas de calorias ou na 'Pirâmide Alimentar' da Associação Americana do Coração?".

Não é por acaso e não é por não levar em consideração o fato de que quem gasta mais calorias do que ingere emagrece.

Neste meu método, a ingestão de calorias cai naturalmente, sem que o paciente perceba nem tenha de passar todo o tempo contando calorias. Isso tira o prazer de comer. Em vez de olhar e perceber o aspecto da comida, seu aroma, seu gosto, as pessoas se preocupam com o valor calórico do prato e com a cota de calorias permitida para o dia.

Duas coisas são importantes: restabelecer o prazer em comer e restabelecer o mecanismo da saciedade. Isso muda o hábito, nos faz comer de forma adequada. Olhar um alimento e contar-lhe as calorias rouba seu sabor e não contribui para restaurar a auto-regulação do mecanismo de saciedade.

Penso que, como a orientação deve fazer parte do conhecimento de quem está num processo de emagrecimento, devemos conhecer as conseqüências da ingestão de calorias, mas não de maneira obsessiva.

Existem pessoas que precisam de um método mais diretivo. Não critico nem condeno a contagem das calorias que outros sistemas adotam durante o processo de emagrecimento. Mas não creio que teria permanecido magro ao longo desses anos todos se o ato de comer e beber não estivesse unido ao prazer. É preciso pensar a longo prazo. Mas não concordo com sistemas que indicam medicamentos condenados, dietas mirabolantes que fazem passar fome, fórmulas infernais.

O que quero mostrar neste livro é o outro lado da questão, minha visão do assunto que desenvolvi para trabalhar segundo algumas crenças e alguns conceitos próprios. Muito do que se fala hoje, como reeducação alimentar, ingestão de fibras, de água, comer devagar etc., já era vivenciado há tempos pelos naturalistas. A diferença é a ênfase nos processos psicológicos e sociais envolvidos na questão da obesidade.

Comer e beber devagar, se auto-regulando, é mais eficiente e duradouro, na minha opinião, porque é um aprendizado. E dá satisfação.

Para alguém como eu, que vem estudando e acompanhando as descobertas científicas relacionadas ao aumento de peso generalizado, obesidade não é essa "doença misteriosa" que determina a morte de milhões de pessoas no mundo todo.

Existe uma lógica em tudo isto. O refinamento dos cereais, determinando uma alimentação pobre em fibras e substâncias essenciais ao bom funcionamento do organismo, somado ao aumento brutal na ingestão de açúcar nos últimos cem anos alteram o mecanismo da saciedade. Ou seja, as pessoas não sabem mais o momento de parar de comer biologicamente (não é falta de vergonha do gordinho, não).

Isto leva à ingestão de maiores quantidades de alimentos de má qualidade, os quais interferem ainda mais no mecanismo da saciedade.

Também o estresse do mundo moderno, os interesses dos diversos mercados como o alimentar, da moda, o editorial mais o da obesidade, que movimentam por volta de 50 bilhões de dólares só nos EUA (o que se dirá do resto do mundo?), formam um círculo vicioso que só acarreta gordura, doenças e infelicidade.

Finalmente, temos de considerar a diminuição do período de amamentação. Vale a pena lembrar de, na fase oral, a primeira gratificação do bebê no mundo externo é, ao mamar, não somente aplacar a fome, mas o prazer de sugar o seio materno e sentir seu estômago preenchido pelo leite morninho da mãe.

Neste primeiro estágio da vida a maior satisfação provém do ato de se alimentar aliado ao amor, ao carinho, à proteção e compreensão por parte da mãe.

Distúrbios nesta fase de desenvolvimento determinarão problemas psicológicos e dificuldades de desenvolver novas fontes de gratificações na fase adulta.

Neste século, o advento das mamadeiras e chupetas, aliado à progressiva entrada da mulher no mercado de trabalho, diminuiu o período de amamentação, acarretando posteriores dificuldades no ato de se alimentar das crianças, dos adolescentes e adultos.

Assim, o ato de comer não pode ser reduzido a um gesto mecânico e objetivo de ingestão de nutrientes de baixo valor calórico, devendo estar associado a uma sensação prazerosa, ampla e não centralizada.

Portanto, é preciso que nos tentemos salvar individualmente, pois ainda vai demorar muito tempo para haver uma conscientização coletiva, com mudanças concretas para a reversão dessa tendência de aumento da obesidade no mundo.

Espero sinceramente que este livro possa ajudá-lo nesse sentido.

Sobre o autor

Dr. Antonio Carlos Marsiglio de Godoy, paulista, formou-se pela Faculdade de Medicina da Universidade de São Paulo em 1969, especializando-se em Psiquiatria. Participou desde o início do movimento psicodramático brasileiro, tornando-se didata da Sociedade de Psicodrama de São Paulo (SOPSP).

Mais tarde, passou a interessar-se por Bioenergética e muito se empenhou nessa área, freqüentando cursos na Inglaterra e nos Estados Unidos e, posteriormente, dirigindo *workshops* na Alemanha, na Inglaterra, nos Estados Unidos e no Japão.

Sempre interessado – tanto como médico quanto pessoalmente – pelos problemas da obesidade, estudou e vivenciou diversos sistemas alimentares até desenvolver o seu próprio, apresentado neste livro.

LEIA TAMBÉM

FRUTAS QUE CURAM
Paulo Eiró Gonsalves

Há muito tempo são conhecidas as virtudes curativas das frutas, largamente empregadas no tratamento dos mais diversos males. Neste livro o dr. Paulo Eiró apresenta as propriedades terapêuticas e o modo de emprego das frutas nas várias doenças. De forma extremamente prática, o leitor terá informações sobre as várias doenças, bem como sobre as frutas utilizadas para seu tratamento. REF. 50028.

LIVRO DOS ALIMENTOS
Paulo Eiró Gonsalves

Esta obra, vencedora de um prêmio Jabuti, tem tudo o que pode interessar as pessoas que gostam de cuidar de sua alimentação. Além de analisar os vários nutrientes, passa em revista praticamente todos os alimentos habitualmente consumidos no Brasil, analisando vantagens e desvantagens de cada um. O autor é um respeitado médico, estudioso de nutrição, com vários livros publicados. REF. 50027.

ANOREXIA E BULIMIA
Julia Buckroyd

Nos últimos 25 anos, a anorexia e a bulimia transformaram-se em endemias entre os jovens do mundo ocidental. O livro traz informações atualizadas sobre o assunto, que ainda é pouco conhecido e que atinge uma enorme camada de jovens entre 15 e 25 anos de idade. A autora esclarece como a sociedade e a cultura colaboram com a criação dessas doenças, descreve os sintomas, as conseqüências e também como ajudar no âmbito familiar e profissional. REF. 20710.

EMAGRECIMENTO NÃO É SÓ DIETA!
Uma questão psicológica, corporal, social e energética
Terezinha Belmonte

Este livro nos convida a uma séria reflexão sobre a obesidade, suas causas, seus efeitos, apontando caminhos para soluções e, acima de tudo, desmistificando as propostas mágicas que envolvem as dietas em geral. REF. 20272.

MAUS HÁBITOS ALIMENTARES
Paulo Eiró Gonsalves

Às vezes sabemos que determinada coisa não é muito saudável, mas, na dúvida, continuamos a usá-la. Outras vezes, desconhecemos totalmente a composição do que ingerimos. Este livro vai ajudar a esclarecer todas as dúvidas sobre o teor dos "maus" alimentos, naturais ou manipulados, e será de grande ajuda para quem já percebeu que a boa saúde requer bons hábitos alimentares. REF. 20793.

O BÊ-Á-BÁ DA CHAKRATERAPIA
Deedre Diemer

Descrição dos sete centros energéticos mais potentes do corpo, os chakras, e o que é mais importante, um exercício para ajudar o leitor a identificar em qual deles a energia pode estar bloqueada. A autora sugere grande variedade de técnicas, em diversas combinações, para mobilizar os chakras impedidos: visualização, cromoterapia, aromaterapia e ioga entre outras. Um guia simples e prático. REF. 20784.

EM BUSCA DO SAMURAI
Respiração terapêutica e equilíbrio emocional
Sonia Amaral

Este livro é um lindo encontro com os mestres ancestrais, sua sabedoria, e a nossa moderna tecnologia com sua carga de ansiedade. É um incentivo à integração do homem por meio da simplicidade do respirar, sentir e viver. REF. 20321.

NÃO FAÇA NADA, SÓ FIQUE SENTADO
Um retiro de meditação budista ao alcance de todos
Sylvia Boorstein

A autora, psicoterapeuta americana, consegue trazer o budismo para o cotidiano da vida moderna. Em linguagem coloquial, ela ensina como fazer um retiro de três dias em qualquer lugar, mesmo que seja em sua própria casa. Ensina também a meditar, desmistificando a prática, conforme indica o título do livro. Excelente orientação para os iniciantes, muito prático para os iniciados. REF. 20704.

REFLEXOTERAPIA
Usando massagem nos pés
Astrid I. Goosmann-Legger

A reflexoterapia é um tipo de massagem que trabalha com a estimulação de pontos reflexos correspondentes aos órgãos internos, encontrados em algumas partes do corpo, como por exemplo, nos pés. Ela pode ser utilizada com o objetivo de complementar um diagnóstico ou para atuar terapeuticamente. Este é um manual claro e didático que fornece orientação básica para quem quer se iniciar no assunto, tanto profissionalmente quanto para uso próprio. Ilustrado com fotos indicando os pontos corretos. REF. 20532.

— — — — — — — — dobre aqui — — — — — — — — —

> ISR 40-2146/83
> UP AC CENTRAL
> DR/São Paulo

CARTA RESPOSTA
NÃO É NECESSÁRIO SELAR

O selo será pago por

SUMMUS EDITORIAL

05999-999 São Paulo-SP

— — — — — — — — dobre aqui — — — — — — — — —

EMAGREÇA PELA CABEÇA

CADASTRO PARA MALA DIRETA

Recorte ou reproduza esta ficha de cadastro, envie completamente preenchida por correio ou fax, e receba informações atualizadas sobre nossos livros.

Nome: _____ Empresa: _____
Endereço: ☐ Res. ☐ Coml. _____ Bairro: _____
CEP: _____-_____ Cidade: _____ Estado: _____ Tel.: ( ) _____
Fax: ( ) _____ E-mail: _____ Data de nascimento: _____
Profissão: _____ Professor? ☐ Sim ☐ Não Disciplina: _____

1. Você compra livros:
☐ Livrarias ☐ Feiras ☐ Psicologia ☐ Corpo/Saúde
☐ Telefone ☐ Correios ☐ Comportamento ☐ Alimentação
☐ Internet ☐ Outros. Especificar: _____ ☐ Educação ☐ Teatro
☐ Outros. Especificar: _____

2. Onde você comprou este livro? _____

4. Áreas de interesse:

3. Você busca informações para adquirir livros:
☐ Jornais ☐ Amigos
☐ Revistas ☐ Internet
☐ Professores ☐ Outros. Especificar: _____

5. Nestas áreas, alguma sugestão para novos títulos? _____

6. Gostaria de receber o catálogo da editora? ☐ Sim ☐ Não

Indique um amigo que gostaria de receber a nossa mala direta

Nome: _____ Empresa: _____
Endereço: ☐ Res. ☐ Coml. _____ Bairro: _____
CEP: _____-_____ Cidade: _____ Estado: _____ Tel.: ( ) _____
Fax: ( ) _____ E-mail: _____ Data de nascimento: _____
Profissão: _____ Professor? ☐ Sim ☐ Não Disciplina: _____

MG Editores

Rua Itapicuru, 613   7º andar 05006-000   São Paulo – SP Brasil   Tel.: (11) 3872-3322   Fax: (11) 3872-7476
Internet: http://www.summus.com.br   e-mail: summus@summus.com.br

4. Áreas de interesse:
☐ Psicologia ☐ Corpo/Saúde
☐ Comportamento ☐ Alimentação
☐ Educação ☐ Teatro
☐ Outros. Especificar: _____